歴史文化ライブラリー
262

それでも江戸は鎖国だったのか

オランダ宿 日本橋長崎屋

片桐一男

吉川弘文館

目次

江戸の異文化交流――プロローグ

知られざる江戸の長崎屋

大航海時代の波に乗ってアジアに出現したヨーロッパ諸勢力が、その布教活動においても、貿易活動においても、競争激化、淘汰、新旧勢力交替の道をたどったことはよく知られている。変転・推移のなかで、政権を得た徳川幕府が、キリスト教の禁圧・厳禁と、貿易活動の維持・存続を方針と定めたとき、この条件を満たす相手として選んだのがオランダであった。

新教国オランダは、布教には手をかざず、ひたすら貿易業務に専心した。それどころではない。対日貿易独占・拡大の望みをもって、幕府の意を迎え、珍奇で珍貴な異国の文物をもたらし、海外情報を提供して、「忠節」を尽した。

ヨーロッパ勢のなかで、対日貿易の独占に成功したオランダが獲得する利益は莫大であると見た幕府は「御礼」の義務を課した。

ここにおいて、オランダ連合東インド会社の日本支店であるオランダ商館における責任者、商館長＝カピタンは貿易業務を終えたあとの閑期を利用して江戸に「御礼」の旅をした。これを「カピタンの江戸参府《さんぷ》」と呼んでいる。

カピタンの江戸参府における「御礼」は、将軍と世子《せいし》に対する謁見（拝礼）と献上物の呈上の二要素から成っていた。同時に幕府高官へも進物を贈って、対日貿易の維持・発展を願った。

「御礼」に対する将軍・世子・幕府高官の「返礼」は、「御条目（貿易の許可・継続条件五ヵ条）」の読み聞かせと、「被下物《くだされもの》（時服《じふく》）」の授与の二つから成っていた。

「カピタンの江戸参府」は、オランダ商館が平戸《ひらど》に在ったときから、不定期に行われていたが、毎年春一回に定例化を見たのは寛永《かんえい》十年（一六三三）からで、寛政《かんせい》二年（一七九〇）以降は貿易半減に伴って四年に一回と改定され、嘉永三年（一八五〇）に至るまで百六十六回の多きを数えている。これは、江戸時代における朝鮮通信使《ちょうせんつうしんし》の十二回、琉球《りゅうきゅう》使節の江戸登りの十八回に比して断然その回数が多く、注目に値する。

カピタンが随員とともに江戸で宿泊・滞在した定宿《じょうやど》が、本石町《ほんこくちょう》三丁目の「長崎屋」であった。

いわゆる長い禁教・鎖国下の江戸において、定期的に現われる唯一の異国使節一行であったから、その定宿である阿蘭陀宿《オランダやど》長崎屋は、江戸の上下の人びとにとって注目の的であった。

珍しいという対象だけではない。定期的に外国使節の滞在する指定の施設ということであれば、のちに見る外国公使館の前身的役割も果した面があったのではないかと思われて注目に値する。

そんなにも重要視すべき阿蘭陀宿の長崎屋であれば、よく知られているかというと、案に相違してこれがさっぱりわからないのである。

確かに長崎屋に言及する場合の諸書は、葛飾北斎《かつしかほくさい》の「長崎屋図」を掲げ、詠まれた句や狂歌を添えて、その名だけは有名である。しかしその実態把握となると、さっぱりわからないのである。

名だけは有名、実態は皆目未詳、という原因追究から手をつけなければならない。

異文化交流サロン

葛飾北斎の「長崎屋図」は、はじめ寛政十一年（一七九九）刊行の狂歌本《きょうかぼん》『東遊《あずまあそび》』に墨摺の一図として載せられ、享和《きょうわ》二年（一八〇二）に改題再版された三冊本『画本東都遊《えほんあずまあそび》』の中巻に彩色摺の一図として掲載され、後者がよく目にされている。

あらためて、よく見てみよう。

外から窓越しにチラッと見える異国人の顔、帽子、マントのカラー、その衿《えり》もとあたりに見えるフリル状の白い布。それを見上げる江戸庶民の顔、顔、顔。肩車《かたぐるま》をして子供にも見せている。お出掛けの婦人が手荷物を提《さ》げて見上げている。着流しの男、尻端折《しりはしょ》りした男、杖を突いて見上げる老人、使い歩きの丁稚小僧《でっちこぞう》までも品物が入ったままの手提げを持って、指差し、見上げている。

長崎屋、江戸庶民注視の的だった。

こんな情景を切り取って描いた、窓と腰板《こしいた》と路地の一部分だけで、「長崎屋」とわかるだろうか。題を見てわかるだけ。だからといって、長崎屋の全貌、わかるはずもない。

長崎屋に宿泊・滞在したオランダ商館員としては、ケンペル、ツュンベリー、シーボルトといった出島《でじま》の三学者が、それぞれ『旅行記』『参府随行記』を記して、よく知られている。オランダ商館長＝カピタンでは、ティツティング、ヘンミー、ドゥーフ、ブロムホフ、レフィスゾーンなどなど。

日本人ではどうか。前野《まえの》良沢《りようたく》が杉田《すぎた》玄白《げんぱく》をさそって訪れた。続いて中川《なかがわ》淳庵《じゅんあん》、桂川《かつらがわ》甫周《ほしゅう》、阿蘭陀通詞《つうじ》の西善三郎、吉雄《よしお》幸左衛門《こうざえもん》などなどの名が挙がってくる。さすれば玄白の親友で多才で多彩なあの平賀《ひらが》源内《げんない》の訪問。最上《もがみ》徳内《とくない》が訪れ、渡辺《わたなべ》崋山《かざん》も行っている。玄白・良沢共通の愛弟子、大槻《おおつき》玄沢《げんたく》が官医の桂川甫周に導かれての訪問。随行の通詞を頼って、蘭学家老鷹見《たかみ》十郎左衛門《じゅうろうざえもん》のちの泉石《せんせき》も胸躍らせて蛮品入手のために訪れた。オランダ気触《かぶ》れの江戸の菓子商、伊勢屋七左衛門兵助のごときはフレデリク・ファン・ギュルペンなどとオランダ名までつかって長崎屋の二階座敷にまで上がり込んでいる。

桜花爛漫の頃ともなれば、長崎屋には異国の人びと、長崎奉行所からの役人、通詞たち、幕府の天文方や訳員たち、お忍びの諸侯たち、江戸の蘭学者たち、町奉行所からは警備の役人が詰め切りで出張、越後《えちご》屋をはじめとする長崎屋定式出入商人も売り込みに、江戸城からは、何と長崎懸りの御坊主までもやって来たと断片史料が伝えている。外国公使館の前身のような役割を果していた面も見えてくる。

長崎屋を訪れさえすれば、蘭学界の顔振れに会うことができる。海外情報と珍奇で珍貴な蛮品の入手が可能である。禁教・鎖国下の江戸において、そこ「長崎屋」は、唯一、異国スペースだったのである。異文化の交流が展開されたサロンだったのである。

これでも江戸は鎖国だったというのだろうか。目が離せない。

そんな「長崎屋」であれば、調査・追究の対象としないで描《お》く手はあるまい。

見えてくるその実態

とはいっても長崎屋、〝火事と喧嘩は江戸の華〟という真っただなかに在った。類焼に次ぐ類焼にあって、いっさいの記録を失っている。長年、手のつけられなかった理由、きわめて明白である。

長崎屋自体に史料を求めることができないとなれば、発想を変え、視点を変えて、取り組まなければならない。その周辺に探索の手を拡げ、零細な史料を、内・外に拾ってみなければならない。焦《あせ》ってできる仕事ではない。

杉田玄白の伝に取り組んでからはや四十五年の長きにわたって、玄白と心の旅をしてきたような気がしている。その玄白がしばしば訪問していた長崎屋にも眼が向いたのである。長崎屋の片影を求めて、京・大坂・下関・小倉の阿蘭陀宿と出会い、その探索のなかから、〝長崎屋〟の三文字を見逃すことのないよう努めてみた。近年ようやく長崎屋の警備史料を中心に、ことに、嘉永三年（一八五〇）頃の内・外の史料を、長・短、取り揃えることができ、『阿蘭陀宿長崎屋の史料研究』（二〇〇七年十一月刊、雄松堂出版）を刊行する機会に恵まれた。

右の史料を基礎に据え、検討を加え、考察したところを骨子とし、なお補充の手を加えて、「長崎屋の実態」解明に近付けてみたい、鎖国と呼ばれるトクガワ・ニッポンの実態を考えてみたいと思いたった。

本書では、「江戸のオランダ宿・長崎屋」で、阿蘭陀宿としての長崎屋を追究、類焼に次ぐ類焼に見舞われる地にあったこと、罹災体験を泊まったカピタンがよく記録していること、そのたびに不思議なくらい手早く再建を果している様子を絵画資料に見て取ることができることなど、その多面的実態を探ってみる。

「幕府とカピタンの情報が入る宿」では、「類焼」に遭いながら「再建資金確保」に努める長崎屋の実態を追究。長崎屋源右衛門の本業と、務めた「御用」を追究。輸入薬の販売センター振り、新薬・代薬の開発振りを見る。人と物、情報の飛び交う長崎屋の実態を追究してみる。

「カピタンと蘭学者たちとオランダ宿」では、異国の雰囲気に満ちて、異文化が交流、展開されたサロンとしての長崎屋の実態を追究。激動する幕末の世に、激震を受けて、たどった長崎屋の変転を追究してみる。

最後に、以上の知見のうえに見えてきた〝長崎屋〟を、幕府との関係、オランダ商館との関係、長崎との関係に、鎖国と呼ばれたトクガワ・ニッポンのうえに考えてみる。

江戸のオランダ宿・長崎屋

江戸の長崎屋とはなにか

オランダ宿と火事とカピタン

一八〇六年四月二十二日は文化《ぶんか》三年三月四日。お江戸日本橋は本石町《ほんこくちょう》三丁目、指定の宿、長崎屋に滞在、将軍謁見の日を待つオランダ・カピタンのヘンドリック・ドゥーフ Hendrik Doeff。

朝食を終えて、ドゥーフと随員の一行、ほっとひと息。宿の主人、長崎屋源右衛門はじめ、家族、使用人一同、朝の片付け、昼の準備、一日の仕事、と今日も忙しい。そんな朝の十一時、二マイル（約三・二キロ）離れたところで火災発生と報らせが入った。

午後二時に至り、炎が四箇所で激しく広がり始めたという。

ドゥーフ一行、炎の風を避けて、およそ三つの街を通り過ぎ、「原（Fara）」と呼ばれる広い野原へたどり着いた。

そこには、やはり逃れて来た数知れない女・子供が露天に立っていた。

炎は通り過ぎたばかりの場所をたちまち焼き尽くし、長崎屋も焼いてしまった。

いかに恐ろしい火がここで見られたことか、筆舌に尽し難いものであった。

と、その恐ろしさをドゥーフは書き留めている。

夜の八時になって、ようやく宿の主人源右衛門がドゥーフのもとにやって来た。そして、
涙ながらに訴えて言うには、

図１　ドゥーフ画像（川原慶賀筆，神戸市立博物館所蔵）

源右衛門と家族、使用人、全員は、カピタンが長崎の出島から持ち運んで来た将軍家への献上物、ならびに、おびただしい一行の荷物の傍らについていて、その安全に努めていた。そのため、自分の家財を救い出すことはできず、丸焼けになってしまった。妻や娘は一包みの衣類を、それも必要分だけを持って辛うじて火事場から逃れた。こうして莫大な損害を蒙ってしまった。と。御用を務めるために払った損害の大きさを訴えた。

「火事と喧嘩《けんか》は江戸の華」という。広大な武家地や寺社の境内はさておき、木造家屋の犇《ひしめ》き合う町屋街にあって、ことに年々過密都市化の一途をたどった日本橋界隈《かいわい》にあって、江戸の阿蘭陀《オランダ》宿《やど》長崎屋、類焼に次ぐ類焼、何度焼け出されたことか、その回数、まったく把握しようもない。

長崎屋の類焼記事

ドゥーフの書き留めた長崎屋類焼記事は、長崎屋追究・分析の視角を得るうえで示唆《サジエッション》に富んでいる。問題が凝縮されているように見受けられる。

すなわち、

① なぜ、江戸で長崎屋がカピタン一行を泊めるのか。そもそも滞在するカピタンの

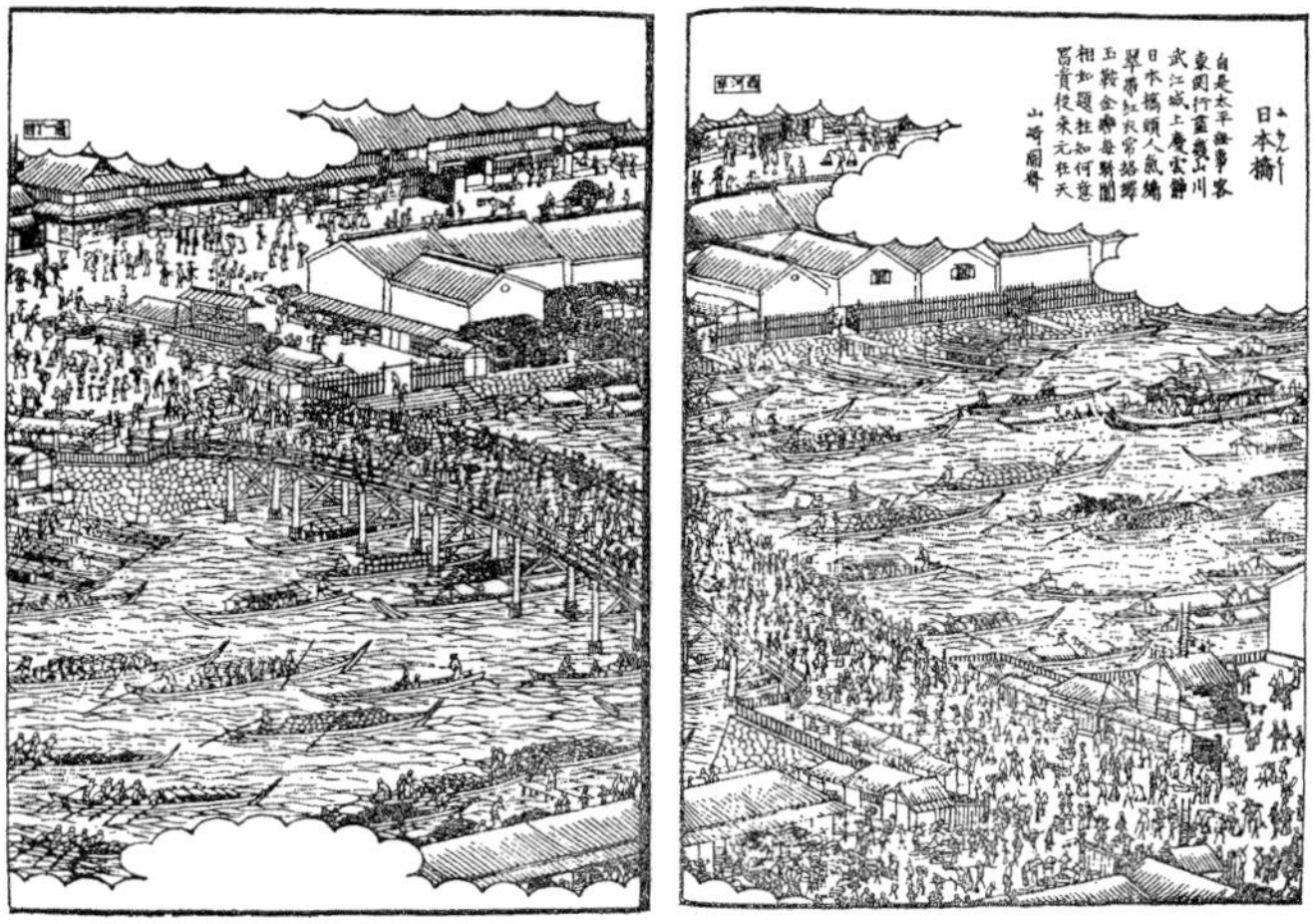

図２　日本橋（『江戸名所図会』より）

用向きは何か。

② 自分の家財を見捨て、丸焼けに焼け出されてまでも番をして守り通さなければならなかった「荷物」とは、一体、何のための、どんな荷物だったのか。

③ となると、長崎屋の「家業」とは、そもそも何であったか。務めた「役務」とはどんな「御用」であったのか。

④ 日本橋の本石町三丁目に在ったというが、三丁目のどこに長崎屋は在ったのか。それはどんなところか。どれくらいの規模のものだったのか。

⑤ 類焼に次ぐ類焼に見舞われた長崎屋というが、よく潰れなかったものである。廃業したい、転業したい、と思わなかっ

たのか。どのようにして再建を繰り返すことができたのか。そして、どれくらいの期間存続したのか。

類焼記事の読み込みによって、長崎屋の実態を解明する指針が鮮明に見えてくる。

長崎屋二階図の語るもの

長崎屋が丸焼けになった惨状を詳しく伝えたドゥーフは、激動のヨーロッパに本国を失い、迎えの船が来ないまま、寛政《かんせい》十一年（一七九九）から文化十四年（一八一七）まで、滞日年数は十九年におよんだ。ことに享和《きょうわ》三年（一八〇三）からの十五年間は、日本におけるオランダ商館長として日蘭貿易のたてなおしに挺身、出島《でじま》でオランダ国旗を掲げ続けた。

したがって、その間に、三回、随員を従え江戸参府を行った。

第一回　文化三年
随員書記　ディルク・ホゼマン Dirk Gozeman
随員医官　ヤン・フレデリク・フェイルケ Jan Frederik Feilke
第二回　文化七年
随員書記　ディルク・ホゼマン Dirk Gozeman
随員医官　ヤン・フレデリク・フェイルケ Jan Frederik Feilke

第三回　文化十一年
随員書記　ヤン・ピーテル・ポヘット Jan Pieter Pogedt
随員医官　ヤン・フレデリク・フェイルケ Jan Frederik Feilke

ドゥーフたち一行は、第一回目の参府において定宿《じょうやど》長崎屋の丸焼けに遭遇、長崎在勤長崎奉行成瀬因幡《いなば》守正定の屋敷に避難、長崎屋源右衛門の奔走も得て、四日後に両国近辺の河内屋半四郎宿に移るといった苦労を余儀なくされた。

それはともかく、ドゥーフの江戸参府三回に毎回随行したフェイルケは、余技として絵をよくした医師であった。参府の往復六回に見る霊峰・富士山の麗姿に魅せられてしまったようだ。

第一回目は、オランダから持参の洋紙に、まだ稚拙な筆致で墨絵として描いている。第二回目は、和紙に大きく。第三回目は、すっかり墨絵の技《わざ》を身につけたフェイルケが日本の絹地に、麗姿を描きあげている。そのできばえはすばらしく、カピタン・ドゥーフは、

Bergen en Daalen Ontmoeten Elkander nooijt, maar Menschen wel, A°1814, In Simonoseki,
Hendk Doeff

（山々と谷々は互に決して出会うことなかれども、人はよく会えり。
一八一四年　下関にて　ヘンドリック・ドゥーフ）

と賛を加え、絶讃している。下関で阿蘭陀宿を務めた伊藤家に伝わっている「富嶽図《ふがくず》」がそれである。

そのフェイルケが、長崎屋の二階を描いている。

長崎屋の二階座敷に、オランダ人三人が椅子にかけている。帽子を被った「Opper-hoofd」商館長カピタンに対座した二人は「Gozeman」ホゼマンと「Doctor」医師。三人の傍らに座って、眼鏡をかけて、何やら本を読んで聞かせている気振《けぶ》りの人物は、その服装と髪型からして日本人であるが、「Fredrik van Gulpen」フレデリク・ファン・ギュルペンとオランダ名が書き添えられている。画面の右下角には「J. F. F. Feilk A°1810」と、この絵を描いた画家のサインが一八一〇年（文化七年）の年紀とともに入っている。

フェイルケのサインは、あの富嶽図に入れられたサインで見馴れた紛れもないもの。したがって画面の Doctor はフェイルケ自身、Opperhoofd はドゥーフであることがわかる。

ギュルペンとは、じつは伊勢屋七左衛門兵助という江戸の菓子商で、「ダッフル・ヘール尊報」「セール、ヘタンキ〳〵」「ギュル篇」などとオランダ語まじりに手紙を認《したた》める蘭《らん》癖《へき》の人であった。

長崎屋二階の部屋はと見れば、襖《ふすま》に障子戸が見える。畳敷きの部屋に毛氈《もうせん》を敷き詰めているものと見受けられる。障子戸の左向うに見える隣室は板の間かもしれない。テーブルが置かれている、その上にティーカップが三つ、ポットが一つ。調味料の器三つを乗せた容れ物も置かれている。不鮮明でよくわからないが、酒器のセットかもしれない。日本家屋の二階座敷が、オランダ船で船載された調度品・器物でエキゾチックに設《しつら》えられている。

丸焼けに焼け出され、涙ながらに訴えた長崎屋源右衛門であったが、少なくともこの四、五年の間に再建を果し、オランダ趣味の調度・器物までも揃えて、参府のオランダ使節一

図3　「富嶽図」(フェイルケ筆・ドゥーフ賛，伊藤根光所蔵)

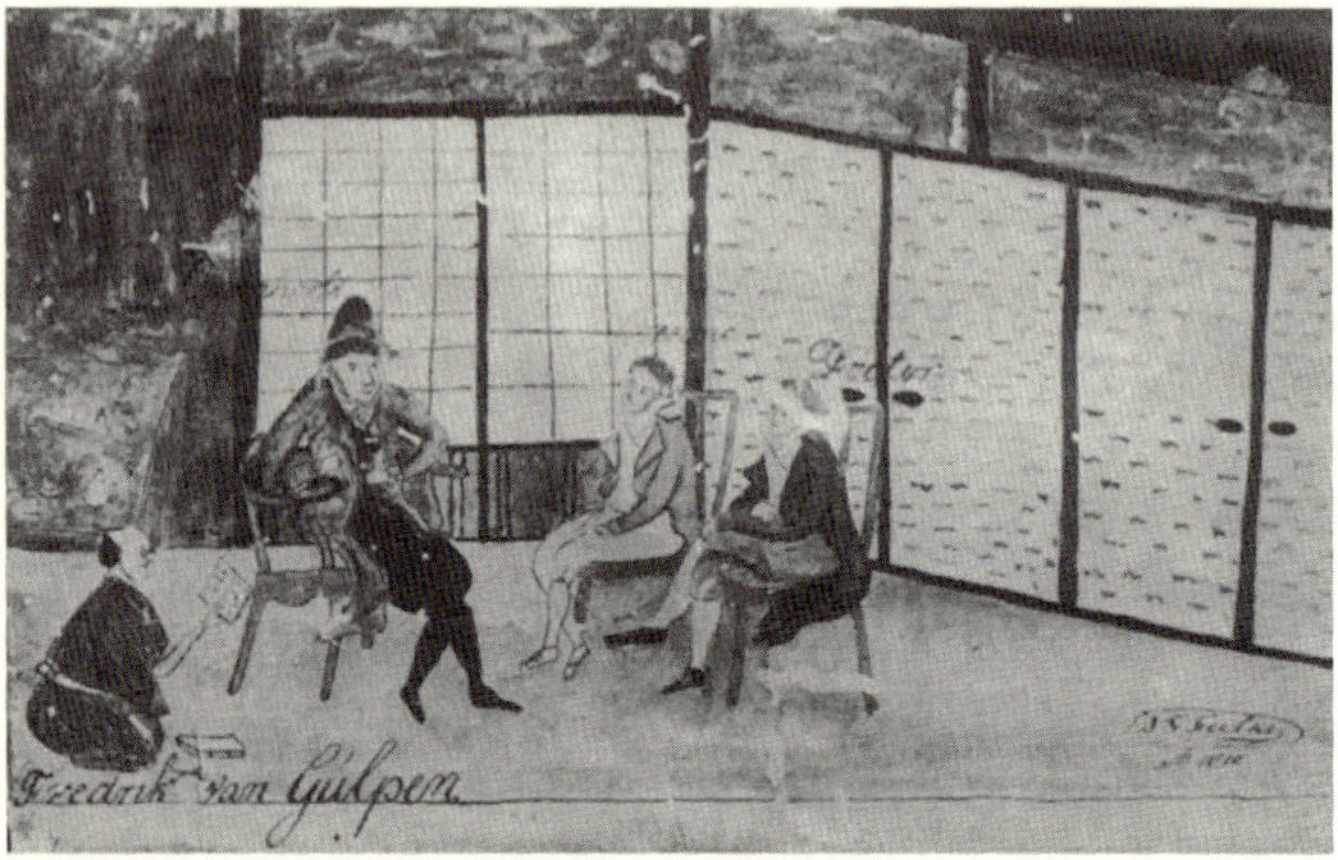

図４　「長崎屋二階の図」（フェイルケ筆）

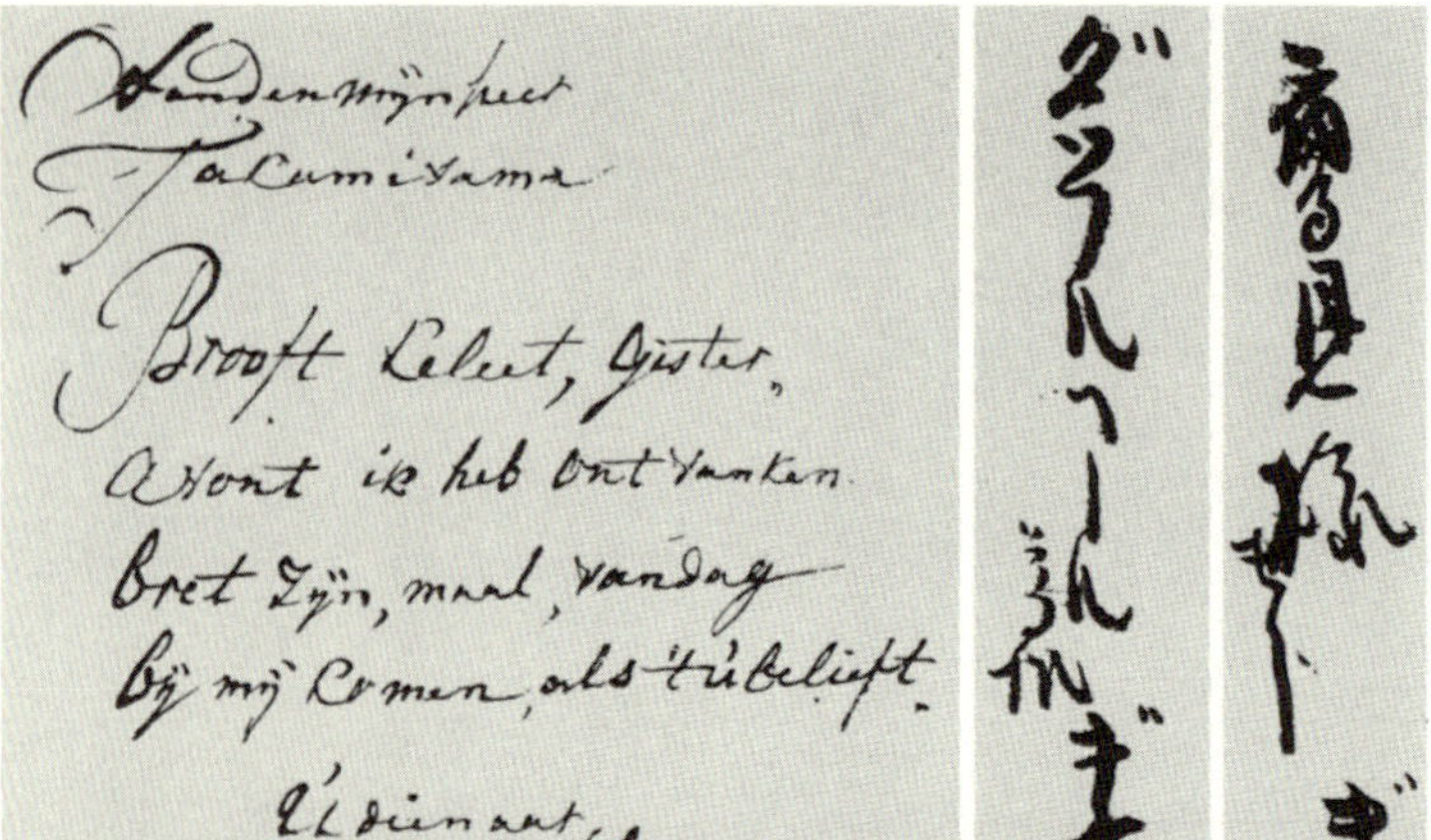

図５　鷹見泉石宛ギュルペン書翰
（古河歴史博物館所蔵）

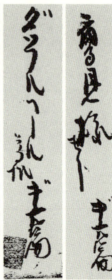

行を迎えていることが確認できるわけである。

類焼に類焼を重ねて困窮を訴える長崎屋が、かくも短期間に再建し、立ち直ることのできた秘密はどこにあったか。この一図は、長崎屋をめぐる史的側面をいろいろ伝えていると同時に、長崎屋追究の糸口をいくつも語りかけていて、眼が離せない。

類焼にあっては建て、類焼にあっては建てした長崎屋であったから、建て替えのつどどの程度復元的に再建されたものか、察しがつかない。時代によっても相違が見られたことと思われるが、さっぱりわからない。

オランダ商館員の記述

ここでは、宿泊・滞在したオランダ商館員の印象記を二、三読んでおくことにしよう。

元禄時代に来日したオランダ商館付きドイツ人医師ケンペル Engelbert Kaempfer がカピタンの江戸参府に随行したのは元禄《げんろく》四年（一六九一）と翌年の二回で、『江戸参府旅行日記』を遺しているが、宿舎である長崎屋について、次のように述べている。

宿舎に着くと、（中略）〔長崎〕奉行は（中略）その晩に、付添検使に、われわれをしっかり室内に閉じこめておいて、われわれの従者のほかは何人といえども、われわれの所に来ることを許してはならないと命じた。もともとこうした用心は不必要であった。というのは後屋の二階にあったわれわれの部屋は、閉じられた長い廊下を通って行く以外には、外からは来ることができなかったからであって、それ自体すでにすべての人間から隔離されていた。また階段そのものも上と下に戸がたっていたし、この階全体が三方とも壁で守られていた。私の部屋には高い所に小さい窓があるだけで、そこから私はやっと真昼の太陽を見ることができたのである。

ドゥーフの参府からそれほど年数のたっていない文政《ぶんせい》五年（一八二二）、ヤン・コック・ブロムホフ Jan Cock Blomhoff の参府に随行したフィッセル Fisscher, Johan Frederik van Overmeer が書き留めているところは次の通りである。三月二十七日着の条で、

長崎屋すなわちわれわれの旅館、（中略）午後の四時半ごろ、われわれは長崎屋に到着した。そこでわれわれは四部屋を与えられたが、それらの部屋は、狭い通りに面している二つの窓を除いては、すべて中庭に臨んでいた。商館長は二部屋を占領し、筆《ひっ》者頭《しゃがしら》（書記官）と医師は共同で一部屋を占める。そして第四の部屋は一般の広間であり、訪問者の応接に使用されるものであるが、一方この広間には、オランダの椅子や机、絨氈《じゅうたん》および若干の小家具を置いて、またたくまにヨーロッパ風の外観を呈するようになった。従僕たちはその部屋を同じ階にもらっている。また御検使と通詞たちは、行列のほかの従僕たちと同様に、この建物のほかの部分におり、また贈物の類

は、とくにそのために準備された耐火倉庫［土蔵］の中に確実に保管されるのである。長崎屋の二階四部屋がオランダ人一行に与えられたようである。火災に耐えられる土蔵を持っていたことも明記されている。

その実態をさぐる

カピタンはなぜ江戸参府をしたのか。長崎屋がなぜ阿蘭陀宿を務めたのか。どちらも江戸幕府のとった対外政策の転換に深くかかわっている。

カピタンの江戸参府

布教と貿易とを活動の二本柱とした南蛮勢力、具体的にはポルトガル人、寛永《かんえい》十六年（一六三九）その来航を禁じた幕府は、キリスト教を禁圧、オランダ商人によって貿易の継続をはかった。同十八年、平戸《ひらど》のオランダ商館を長崎の出島《でじま》に移し、対日貿易の継続を許した。

ここにおいて幕府は、キリスト教の厳禁と、唐・蘭貿易の継続を内・外に表明、のちに

「鎖国」と呼ばれたトクガワ・ニッポンの体制を確立した。

唐船と蘭船だけが、禁教・鎖国下、唯一の国際貿易港都市長崎に来航が許された。唐商《とうしよう》は唐人街《とうじんまち》の唐館《とうかん》で、オランダ商人は出島のオランダ商館で貿易を許され、業務を継続した。

対する日本の貿易機関は、長崎奉行管轄のもとで行った、長崎会所《ながさきかいしよ》。

オランダは長崎の出島を舞台にして、対日貿易を独占的に継続。その期間は寛永十八年から安政《あんせい》六年（一八五九）まで二百十八年間におよんだ。出島が海外・世界の人びとから注目され、脚光を浴びた期間である。

これに対し、江戸の将軍は「御礼」の義務を課した。

出島のオランダ商館は、太陽暦の七月頃にバタフィアからオランダ船を迎え、貿易業務を行い、陰暦の九月二十日を限りに帰帆せよ、と命じる将軍の命に従った。

そこでオランダ商館長＝カピタンは、その年の貿易業務を終えると、「御礼」の旅の準備に取りかかったものである。

キリスト教国の人、オランダ・カピタンが随員とともに、長崎の出島から江戸の将軍のもとへ「献上物」を携え、「御礼」の挨拶に「参府」の旅を行った。これを「カピタンの江戸参府」とか「御礼参り」「拝礼」と呼んでいる。

カピタンの江戸参府の目的は、独占的対日貿易の許可・継続に対する「御礼の実行」にあった。その「御礼」は、江戸城本丸《ほんまる》の将軍と西丸《にしのまる》の世子《せいし》に対する、「拝礼（＝謁見）」と「献上物」の呈上とから構成された。この機会に幕府高官にも「進物」が贈られ、御礼の「廻勤」が行われた。

「御礼」に対して「返礼」があった。「返礼」は、将軍・世子・幕府高官からの「被下物《くだされもの》（＝時服）」と「御条目（＝貿易の許可・継続条件五ヵ条）」の読み聞かせから構成されていた。

カピタンと長崎屋

カピタンの行った江戸参府旅行は、寛永十年（一六三三）以降、年一回の定例となり、寛政二年（一七九〇）から貿易の半減に伴って五年目ごと、四年に一回と改定され、嘉永三年（一八五〇）までじつに百六十六回を数えている。朝鮮通信使《ちょうせんつうしんし》の十二回、琉球《りゅうきゅう》使節の十八回に比べて桁違いの多さに注目しなければならない。

江戸参府旅行における「行程」は、長崎下関間は、はじめ海路。万治《まんじ》二年（一六五九）より大部分を陸路の長崎街道によった。これを短陸路 Kort landweg といい、下関より兵庫もしくは室津までは水路 Water reis による船旅。それより大坂・京を経て、東海道によって江戸に至る道中を大陸路 Lang landweg と称した。

陸路の旅では、当然、宿駅を利用した。早朝に宿を出立。次の宿で昼食をとる休憩。さらに次の宿で泊るという各宿駅を一休するか、一泊するかという旅であった。

カピタン一行の泊る宿のうちでも、特に往路・復路とも何日か宿泊・滞在した宿を「阿《オ》蘭陀《ランダ》宿《やど》」と呼んだ。

例えば長崎の『諸役料帳』や『諸役人帳』は、次のように明記している。

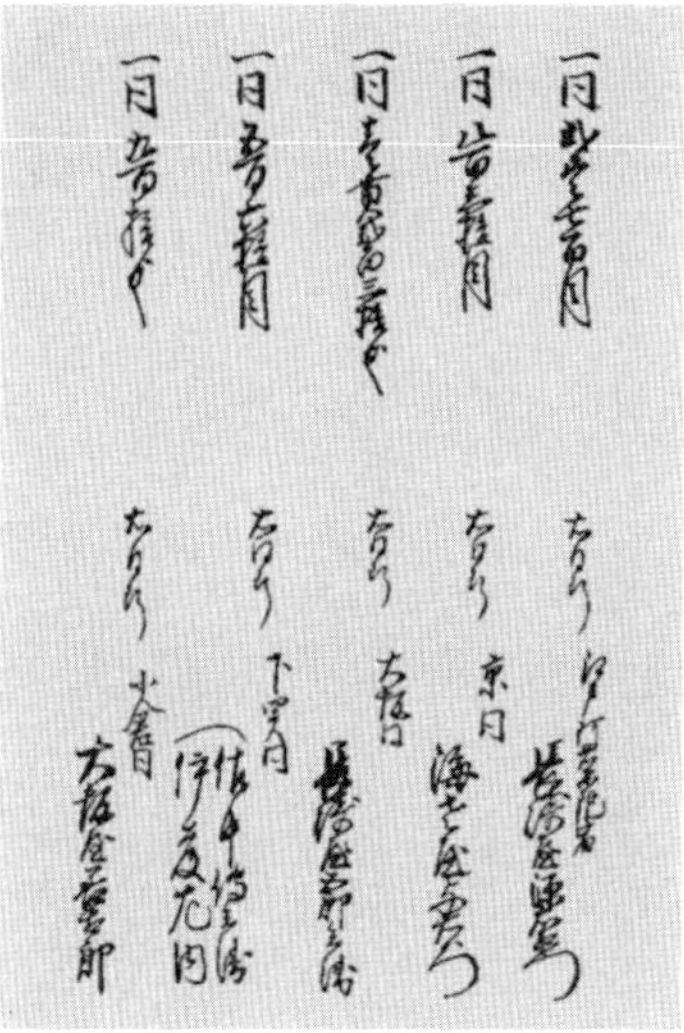

図6　五都市六軒の阿蘭陀宿
（『諸役料帳』より，長崎歴史文化博物館所蔵）

阿蘭陀宿
江戸　長崎屋源右衛門
京　村上専八
大坂　為川辰吉
小倉　宮崎善助
下ノ関　伊東助太夫
　佐甲三郎右衛門

下ノ関は大町年寄を務める伊藤

（東）家と佐甲家が交替で定宿を務めた。京の村上は海老屋《えびや》、大坂の為川は長崎屋、小倉の宮崎は大坂屋の屋号を用いた。この五都市六軒の宿を、特に「阿蘭陀宿」と称したのである。

長崎屋は江戸において参府のオランダ商館長＝カピタン一行が指定されて泊る定宿だったのである。基本的に身分は町人であるから、江戸の町奉行の支配を受けた。と同時に、長崎の『諸役人帳』に記載されていることでもわかるように、役料の支給を受け、長崎奉行の支配を受けていたのである。

頭上で聞く時の鐘

石町の鐘は紅毛《オランダ》まで聞こえ
石町の鐘は日本の外も聞き

石町の鐘、第二代徳川秀忠《ひでただ》将軍のときに本石町《ほんこくちょう》三丁目に設置された江戸でもっとも由緒ある「時《とき》の鐘《かね》」。紅毛まで聞こえたとは……。

同じ本石町三丁目の長崎屋に逗留したオランダ・カピタンの耳に大きく響いた。オランダ人を単にオランダともいったので、オランダ国まで聞えたと懸けて句にしたというわけである。

オランダ宿の長崎屋、諸書は「本石町三丁目」に在ったと伝えている。では三丁目のどこに在ったか。それ以上の追究はされたことがない。

そこで試みに、延宝《えんぽう》八年（一六八〇）の『江戸方角安見図《えどほうがくあんけんず》』を見てみる。「こく丁三丁目」に「時ノカ子《かね》」の文字を見る。元禄《げんろく》六年（一六九三）の『江戸正方鑑図』にも「石丁三丁目」に「時ノカ子ツク」と見えている。しかし、「長崎屋」の文字はどこにも見えていない。江戸の古地図、切絵図《きりえ》が町屋の所在までは書き入れていない常で、いたしかたもない。

享和《きょうわ》二年（一八〇二）に江戸参府をしたカピタンは肥満体のウィルレム・ワルデナール Willem Wardenaar。このときのことを、付き添って東上した江戸番大通詞《おおつうじ》の石橋助左衛門が詳しく書き留めている。

それによると、参府のカピタン一行が将軍に対する拝礼を済ませ、帰路の出発に際し、旅費が不足した場合には、人参座《にんじんざ》にその借用を願い出て、許可を得て拝借、長崎帰着後、長崎会所にその金額を返納する定めであることを記している。

右の拝借金を人参座から請け取るときは、江戸在府の長崎奉行の用人《ようにん》一人と給人《きゅうにん》一人が立ち合い、長崎屋源右衛門の座敷において取り調べ、大小通詞のうち一人が勘定方元締《かんじょうがたもとじめ》を召し連れて金子《きんす》を請け取るのであると、手続き事務の流れを具体的に書き記している。

江戸番通詞がカピタンに代行して旅費借用の実務に当たっていることがわかるとともに、長崎屋に設置されていた「唐《とう》人参座」とそこに準備されていた「人参座用意金」の運用の一端を具体的にみる好例として注目される。

実際、享和二年には「紅毛人帰路道中不足銀」として「金四百両」の拝借方が、江戸番大通詞石橋助左衛門と江戸番小通詞横山勝之丞の連名で出願書類が作成され、在府の長崎奉行に伺う実務は三月七日に源右衛門が行い、翌八日にその支出方が実行された。在府長崎奉行付の役人夜川藤兵衛と福田市左衛門の両名が長崎屋に出役して、立ち合っている。金子請け取りの「覚」は、カピタンに代ってやはり石橋助左衛門と横山勝之丞の両通詞が夜川・福田両係役人宛に認《したた》めている。

長崎屋に唐人参座が設置されていたこと、長崎屋源右衛門が唐人参座役人でもあったことを確認したうえで、あらためて古地図を検索してみる。

例えば「嘉永《かえい》七甲寅歳正月改正」の「麹町《こうじまち》十丁目　近吾堂　近江屋五平蔵板」の『日本橋北内神田辺絵図』によって、「本石町三丁目」の一区を見てみる。本石町三丁目は、二丁目から四丁目に向かって大きく二区に分かれている。その本石丁十軒店《じっけんだな》寄りの区画には小林寿英と葛城恒菴という名前からして医師らしい二軒がある。本銀町《ほんしろかねちょう》寄りの区画は、さらに二丁目から四丁目に向かって二区に小分けされている。その本銀町寄りの区画はごく狭く、そのやや二丁目寄りに有名な「時ノ鐘」がある。小分けされたうちのやや大きい区画の二丁目寄りの角に「唐人参座」すなわち「長崎屋源右衛門」が在ることが判明

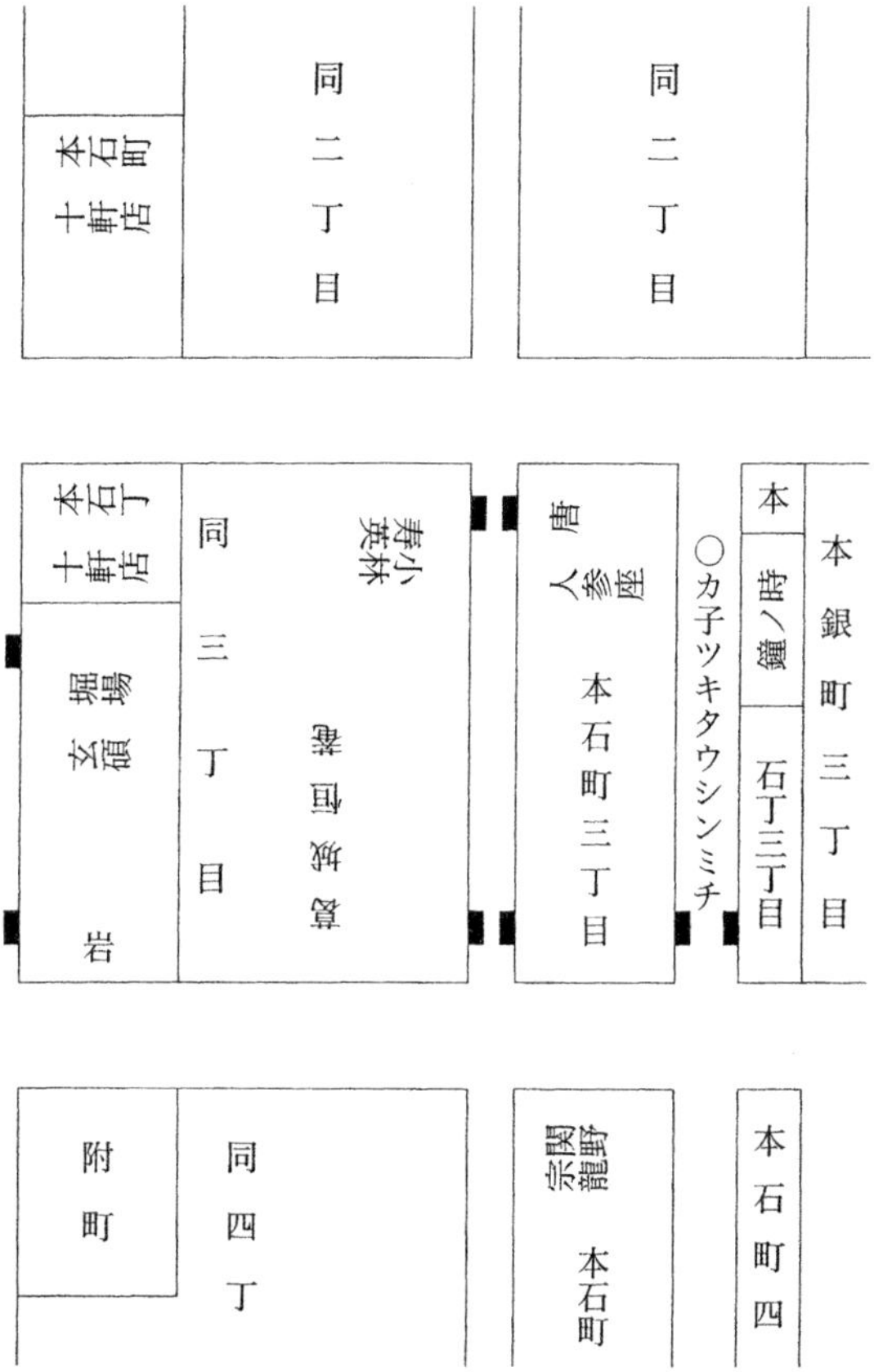

図7　本石町三丁目見取図（『日本橋北内神田辺絵図』より著者作図）

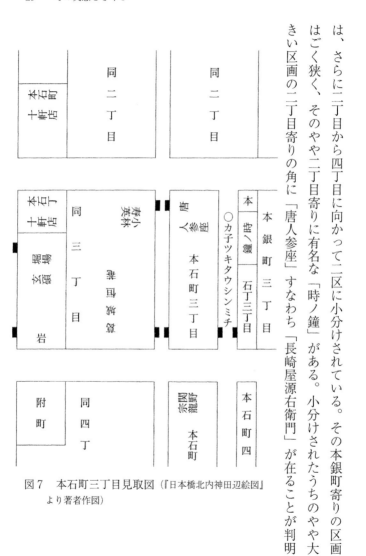

する。したがって本石町三丁目の区画全体からすれば、二丁目寄りのほぼ中央に「唐人参座」すなわち「長崎屋源右衛門方」が在ったことになる。

したがって、長崎屋は「カ子ツキタウシンミチ（鐘突き唐人道）」を挟んで時の鐘とほぼ隣り合った位置に在ったことが判明する。

ただしその建物は、鐘突き唐人道を背にし、十軒店の方を向いた構えであったであろうことは、地図中に記入された文字の方向がそれぞれ書き分けられて示されていることによって察せられる。

かくて長崎屋の住人は、滞在中のカピタンも、時の鐘をほぼ頭上に大きく聞いたことになる。オランダさんに聞えたのである。

門に掛かったオランダ幕

天保《てんぽう》十五年（一八四四）の春、カピタンのピーテル・アルベルト・ビクPieter Albert Bikが江戸参府をしたときのことである。

首席老中《ろうじゆう》で下総《しもうさ》の古河《こが》藩主の土井大炊頭利位《おおいのかみとしつら》に仕える江戸家老《かろう》の鷹見《たかみ》十郎左衛門、のちの泉石《せんせき》が一行逗留中の長崎屋を訪れ、その門に張ってあった「幕」に目をとめた。「紅白青」三色の「幕」が張ってあり、その「白布」の「中間」に「ワアペン」「NVOC」のような「印」が「染」め出されていたと伝えている。

嘉永《かえい》三年（一八五〇）の春、カピタンのレフィスゾーンJoseph Henrij Levijssohnが江戸参府をしたときには、崎門学派《きもんがくは》の明倫堂教授細野要斎《ほそのようさい》が、帰路、熱田宿に投宿《とうしゅく》した一行を見物に訪れた。その様子を『感興漫録《かんきょうまんろく》』（『名古屋叢書』第十九巻所収）に書き留めている。

「旅館の門」には「幕」が張ってあった。「毛織」の「三幅」を「縫」い「綴《と》」って「赤黒白」であった。「幕の紋」は「」のようなもので、「提灯《ちょうちん》」の「紋」も「藤の丸」の中に同じ「紋」がつけられていたと記している。この文で、「赤黒白」は「赤白青」の見誤りで、Vの両方にOをかけているが、右のOはCの書き誤りである。

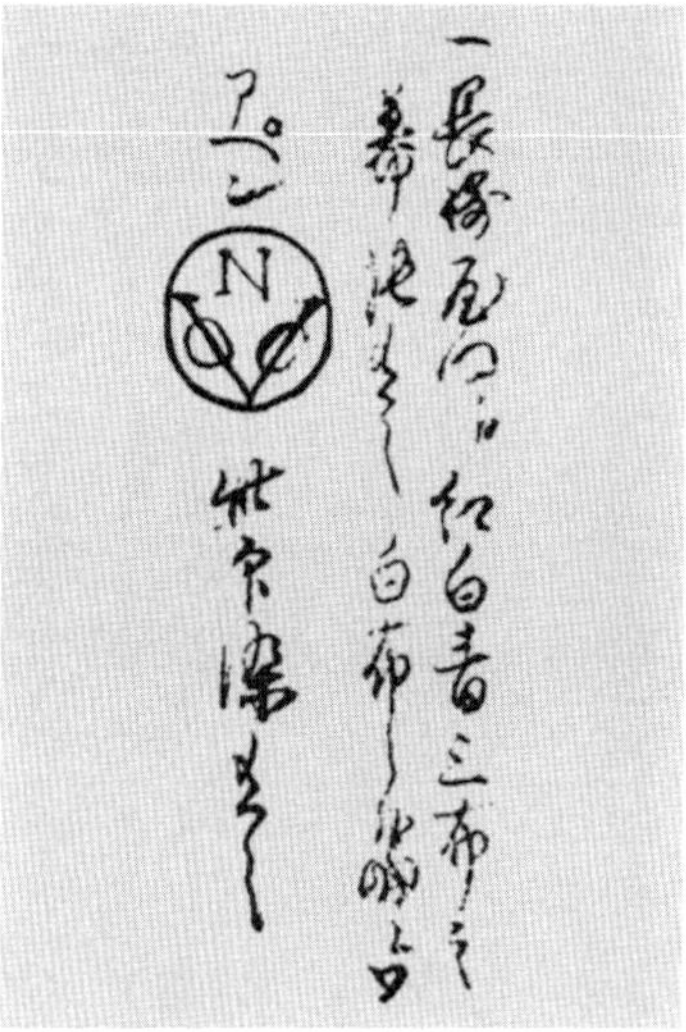

図8　鷹見泉石が記したオランダ幕の紋（『蘭人訳官出府名簿』より，古河歴史博物館所蔵，国指定重要文化財）

熱田《あつた》宿の旅館の門に張ってあった幕と長崎屋の門にかけてあった幕とは、よく一致している。

「ワアペン」「紋」として出てきた「NVOC」について、V

ＯＣはVereenigde Oost-Indische Compagnie（連合東インド会社）の頭文字を取ったものであることはよく知られている。Ｎは何か。長崎屋のＮか、長崎のＮか、それともNederland（オランダ）のＮか、迷いがちである。

この点については、蘭学者の大槻玄沢《おおつきげんたく》が「何に依らず、その諸物へはNVOCといふ記号を付」けているが、これは「ねいでる・どいつせ・おうすと・いんぢいせ・はん・こむぱくぎい」という「四言」の「頭字《かしらじ》ばかり取りて寄せたる和蘭《オランダ》文字なり」と説明している（『蘭説弁惑《らんせつべんわく》』天明七年序）。

玄沢の説明を翻字してみると、「Neder Duitsche Oost Indische van Compagie（オランダ東インド会社）」となる。玄沢の表記には若干の誤りもあるが、Ｎが「Nederduitsche（オランダの）」のＮであると明記している点は重要である。

してみると、カピタン一行が長崎屋をはじめとする阿蘭陀宿に、あるいは各宿の本陣に宿泊滞在の間は、その門に「ＮＶＯＣ」を組み合せた「オランダ連合東インド会社」の「紋章」を「赤白青」オランダ三色旗の真ん中に染め出した「幕」を「張」り、「提灯」を掲げていたことがわかる。カピタンの江戸参府道中が参勤交代の大名道中に準じた扱いで、各宿において処遇されていたことを考え合わせると、大名各家の「御本陣幕」と同様の扱いで「阿蘭陀幕」が張り出されていた意味が理解できる。

カピタンと阿蘭陀通詞のマニュアル・ブック

カピタンの江戸参府旅行に随行して、長崎から江戸に出て来て、オランダ語の通弁・通訳に当たる大・小の阿蘭陀通詞は、長崎に帰着するまでの三、四ヵ月間は多忙である。ことに長崎屋に到着してから帰路につくまでの江戸滞在中は多忙に加えて極度に神経もつかう。

そんな江戸番通詞が長崎屋到着の初日から帰路につくまでの、平均約二十日間の滞在期間、順次、当然行わなければならないであろう役務の順序を日を追って記し置いた、いわば江戸番通詞にとっての必携書＝マニュアル・ブックとも呼ぶべき便利な記録が確認できた（『江戸番通詞江戸逗留中勤方書留』シーボルト記念館蔵）。

それによると、長崎屋に到着の初日、運ばれてきた荷物を長崎在勤の長崎奉行の江戸留守屋敷から御検使の出役を得て見分をしてもらったのち「土蔵」に保管した、と見える。

享和二年（一八〇二）のことであるが、帰路出立に際して旅費が不足であるとして、カピタン・ワルデナールが借用方を願い出た。

このような貸し出し金は「人参座用意金」から貸し出され、長崎帰着後、長崎会所にその金額を返納する定めであったことは前述した通りである。

人参座は長崎屋に設置されており、源右衛門がその座役人でもあった。

カピタンの旅費借用の手続き事務は、もちろん江戸番通詞が代行する。実務の手順は次のようになされた。

江戸在府の長崎奉行の用人一人と給人一人の立ち会いのもとで、長崎屋源右衛門の座敷において、源右衛門が「石倉」の金子を取り調べ、江戸番大小通詞のうち一人が勘定方元締を連れて、その金子を請け取るというものであった。

このように長崎屋には「土蔵」と呼ばれたり「石倉」と呼ばれたりしていた「蔵」があった。当然といえば、当然である。

カピタン一行の荷物は、通詞のマニュアル・ブックによれば、献上物（将軍と世子への献上物）、進物（幕府高官への進物）、長崎荷物（いろいろな長崎からの荷物）の三種類からなっていたようで、その分量、数量は、

□棹
三拾五箇

と大量の荷物であった。ここに見える数量は、原則的な平均数量と思われるが、肝心のところの文字が失われている。土山《つちやま》宿の宿帳を通覧して見たところ、カピタン一行の宿泊の

場合の記事で、

長持《ながもち》　十棹
釣り箱　十二
乗掛　十荷
鳥荷　一荷
（明和三年、ヤン・クランス参府）

乗掛　十二駄
長持　十七棹
青櫃　八ツ
鳥荷　三荷
（安永三年、アレント・ウィルレム・フェイト参府）

などと散見される。やはり大量である。とかく荷物が多くなりがちであると、伝えられてもいる。とにかく大量の荷物であったことだけは確かである。シーボルトが随行したときの江戸参府では、ことによったら二倍も三倍もあったかもしれない。

文政五年（一八二二）に参府したJ・F・ファン・オーフェルメール・フィッセルも、

> また贈物の類は、とくにそのために準備された耐火倉庫（土蔵）の中に確実に保管されるのである。

と明記している。

土蔵・石蔵のなか

長崎屋の蔵は土蔵、石蔵といった耐火倉庫として、堅牢に造られていた。大火に見舞われて自己の家財道具いっさいを見捨てても、大量の一行の荷物のみは守り切っているところをみると、大きな地下蔵もあって、万全を期していたものと察せられる。

将軍家への大量の献上物、幕府高官への大量の進物、大量の長崎からの荷物、荷物……で長崎屋の蔵は充満したことであろう。

献上物・進物に対する返礼の「被下物《くだされもの》」も大量であった。一行の出立まで確実に保管しておかなければならない。長崎屋源右衛門の重要責務であったのである。

荷物の中身は何であろうか。気にかかる。献上物の大部分は布類である。進物も同様である。ときにはこれにリキュールやユネーバー（蒸溜酒ジン）などの飲み物、チーズやハムなどの食べ物、書籍・地図・地球儀・望遠鏡や鏡などといった器物、薬物などなど、そのときどきの珍貴な品も加わったようである。ときには珍しい鳥類・動植物の加わったこともあったようである。

「長崎荷物」というのが抽象的な表現でよくわからない。細部まではとても眼が届かないが、まず挙げられることとしては、警固随行の日本人五十七人が携帯する荷物。その荷物のうちには、旅行中使用されたり消費されたりした生活用品が大量にあった。

例えば、オランダ人の食事を世話する料理人が二人ついて来ている。それぞれ現地で調達される食材もあろうが、まず煮炊きの用具とともに消費用の大量の葡萄《ぶどう》酒やリキュール、チーズやハム、蜜漬などなど。途中で足りなくなって、帰路の消費分として葡萄酒を○○本、大坂の宿まで届けてほしいと留守の出島商館へ急送方の連絡便を出した文化十一年（一八一四）のような例もある。

具体例として、明和《めいわ》六年（一七六九）、カピタンのヤン・クランス Jan Crans が参府したときの様子の一端を見てみよう。

「積荷物」として、旅行中の食の準備、食生活の様子を伝える品々が見えている。大量の什器《じゅうき》は別にして、食物関連項目のみを抜粋してみる。

一酒箱　拾六　　一ほうとる桶　三ツ
一砂糖入桶　壱ツ　　一同箱　八ツ
一塩物入桶　壱ツ　　一野菜　四箱
一鳥小屋　壱ツ　　一わさび研《おろし》　四ツ
一酢醤油　四樽　　一香物　三
一堺酒　三樽

といった食べ物、飲み物、調味料が用意されている。「ほうとる」はバターである。いか

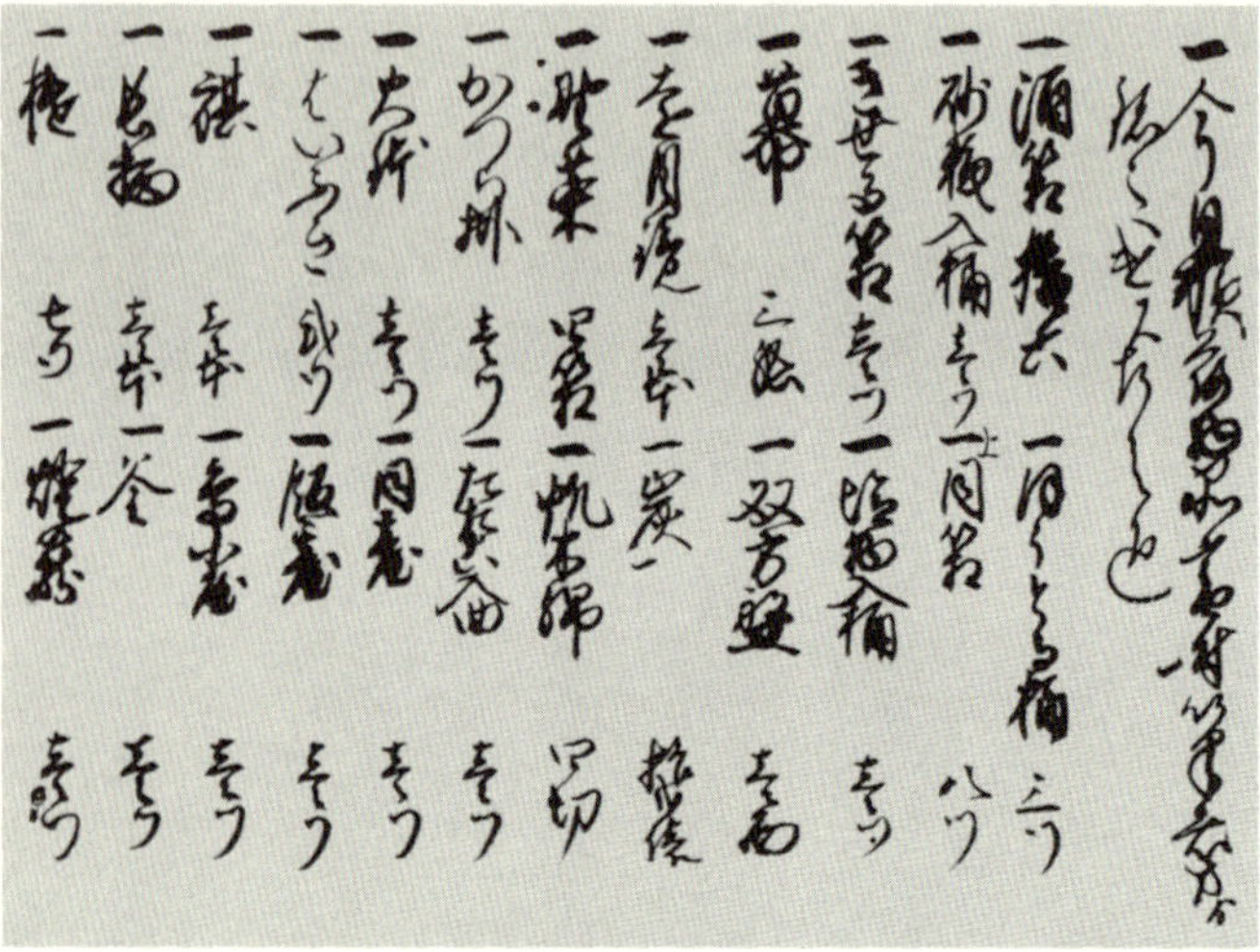

図９　カピタンの荷物（『紅毛人附添日記』明和６年条部分より，長崎歴史文化博物館所蔵）

にもオランダ人を含む一行の旅らしい一品である。酒が二種見える。書き分けているということは、最初の酒は洋酒らしい。あとの「堺酒」は、『蘭学《らんがく》事始《ことはじめ》』にも見えている、通詞吉雄幸左衛門の記す銘酒「堺樽」であろうか。

「鳥小屋」が見えるのは一見奇異に思われるかもしれない。これは愛玩用の小鳥を飼う鳥籠とは明らかに異なる。肉料理のために鳥を飼育しながら参府の旅を続けているのである。出島でも鳩小屋に食用の鳩をはじめとする諸鳥を飼育していた。のち嘉永三年（一八五〇）、京の宿、海老屋での例であるが、「こんはんにや、鶏餌代幷道中用之品代」として、往路の二月に「弐貫弐百五十文」を支払い、帰路滞京の四月にも「鶏餌米代」として「五百五十文」を支払っているから、やはり〝食用〟として〝鶏〟を〝飼〟いながら旅をしていたことが判明する。

安永三年（一七七四）、アレント・ウィルレム・フェイトが参府したとき、土山宿の宿帳に「鳥荷三荷、外ニ鳥荷壱荷入ル、鳥しめ賃百文遣」すなどと書き込まれている。平成十八年（二〇〇六）十月十五日、蘭遊会の有志と一緒に史料採訪でこの記事を見つけて嬉しくなったことを、懐かしく思い出す。前記の「鳥荷三荷」とか「鳥荷一荷」と見えるのも、これに該当するかと察せられる。

この鳥小屋、江戸滞在中は当然長崎屋に置かれていたことになろう。

随行の日本人がそれぞれ長崎から個人用の贈り物を持ち運んでいる。帰路には長崎への土産品を買い込んで持ち運んでいる。これが結構ばかにできない。京の海老屋の主人が、通詞たちが買い物で荷を増やし、出立の日が延びて迷惑している、と日記に書き付けている。もちろん江戸でも買い物をしているのである。

長崎屋の敷地跡をもし発掘調査できたら、きっと長崎屋が受け取った歴代カピタンたちからの珍しい贈り物の数々が見られたことであろう。

図10　鳥荷の記述（『土山本陣宿帳』より、土山洸・治子所蔵）

図11　長崎屋跡の案内板（JR新日本橋駅4番出口壁面所在）

しかしそれは永遠に不可能である。現在その場所はJR新日本橋駅、あの深い駅である。必ず発掘調査をしてから大きな施設や建造物を造る、という規定のできる以前のことである。

長崎屋に関する地上の記録は、類焼に次ぐ類焼によって烏有に帰し、地下蔵の史的重要資料は駅建設のブルドーザーによって持ち運ばれて、すべてが不明となってしまったということである。何とも残念このうえない。

警備史料

日常業務の様子、ことに京・大坂・小倉・下関の各都市五軒の阿蘭陀宿に比して断然厳しかったといわれる江戸の長崎屋警備について、従来ほとんど知られるところがなかった。

長年の探索によって、長崎屋の警備史料を五点も寓目する機会に恵まれた。特に嘉永三年（一八五〇）の内・外の史料が出揃ったことによって、長崎屋警備の全体像を組織的に把握できるようになった。対象となった出入り人の身分や職業を知ることができ、それを通じて、長崎屋の日常業務をも窺い知ることができるようになった。日常の生活振りの一端をも察することができるようになった。

「江戸番通詞江戸逗留中勤方書留」（シーボルト記念館蔵）、「蘭人参府中公用留」（内容は天保九年と弘化元年、横浜開港資料館蔵）、「蘭人参府御暇之節検使心得方」（嘉永三年、British Library, London 蔵）、「参府之阿蘭陀人逗留中出役致候節書留」（嘉永三年、早稲田大学図書館蔵）、「嘉永三戌年二月参府　阿蘭陀人逗留中詰切出役書留」（片桐一男蔵）。

これに嘉永三年（一八五〇）分の京の阿蘭陀宿海老屋の『御用書留日記』と同年参府したカピタン・レフィスゾーンの『江戸参府日記』が加わって、有力な証言を与えてくれる。

六ツで開け五ツで閉める

長崎屋は、江戸参府のカピタン一行を迎えるに先だって、修復すべき点があると、修復を加え、見分《けんぶん》を受けた。江戸在府長崎奉行の用人・給人あたりが長崎屋に出張、各部屋などを見分して廻った。

嘉永三年（一八五〇）の例を見ると、二月二十五日の「昼四時（＝午前十時）頃」より、南町奉行遠山左衛門尉景元《とおやまさえもんのじょうかげもと》組の同心《どうしん》加藤太左衛門と北町奉行井戸対馬守覚弘《いどつしまさとひろ》組の同心高部治部左衛門が長崎屋に出役、ほどなく普請役《ふしんやく》の北村勝之助と西村覚内《かくない》も出役、長崎屋源右衛門提出の「部屋〻〻絵図面」と「引合」わせて「見分」して廻っている。オランダ人と随行の検使以下の日本人が入る各部屋をはじめ、耐火倉庫となっている石蔵（地下蔵）、出入りの門や潜り戸など、隅々まで見分、「九時（＝正午）過」ぎまでかかっている。念入りに見分されたことがわかる。いずれも「先度」の通りで、「不取締」の場所も見つからず、無事にすんだ様子を加藤太左衛門自身が職務日誌に書き留めている。

ここで注目すべきは、長崎屋源右衛門が見分用に提出している「部屋〻〻絵図面」である。この絵図面がもしどこかに遺っていたら、「写《うつし》」でもよい、見ることができたら長崎屋の家屋全体が設備も含めて構造的に理解できるはずである。未発見である。未詳である。何とも残念なことである。

オランダ人の到着の前夜より、江戸の町奉行所から普請役が二人、南・北の両町奉行組同心一人ずつ計二人、合計四人が長崎屋に来て、「附切（詰切）」で一行逗留中取り締まり、警備に当たった。

蘭人付き添いの一行は、諸事、長崎から随行・警固に当たっている検使へ申し立て、その指示を受けることになっていた。

その検使は、諸事、普請役に断って差図を受ける定めであった。前例のない場合には勘定所に申し立て、差図を受ける定めであった。

組同心は門の出入り、部屋部屋の見廻りに当たる。不取り締まりが目についたり耳にした場合には、町奉行所へ申し立て、指示を受ける定めであった。

また、長崎屋の門は、朝の「六ツ時（＝午前六時）」に開門、晩の「五ツ時（午後八時）」に閉門した。夜の「九ツ時（＝午前零時）」には門に鍵をおろした。鍵は同心に預けられた。

宿泊・逗留人届け　長崎屋は宿泊・逗留する江戸参府一行の顔振れを常に把握している必要があった。必要に応じ名簿を作成し、長崎奉行、町奉行所町方掛等に届けた。

長崎屋源右衛門が把握し作成した名簿として、オランダ人名歳（オランダ人の名と年齢）、阿蘭陀附添之者名前書（役柄と名前）、下宿人（外の旅宿に分宿させた者）の名前書（雇入宰領・駕籠《かご》頭・駕籠之者）、定式出入商人の名前書（業種名・住所・屋号・姓名）、長崎屋の使用人、出入り職人・業者の名前書（職種・業種名・姓名）などが見られる。もちろん必要に応じて家族全員の名前も届け出た。

右のうち名字のある者は、あらかじめ名字名前（名簿）が届けられており、出入りに際しては組同心が照合・確認して通過させたようである。名字のない者には出入りのための「鑑札」が渡されていた。

具体例を見てみよう。

嘉永三年（一八五〇）、江戸参府をしたカピタンは、Opperhoofd Joseph Henrij Levijssohn、随員の外科医は、Geneesheer te Desima O. G. I. Mohnike であったが、

一かひたん《かひたん》 よふせふへんりいれいそん　五拾才
此かひたんは廿二年程以前本国罷出《まかりいで》、右近国所々ニ而《て》島商ひ致し、歩行　子供四人本国江差置、妻は（以下、記載されず）

一外科 おつともんにせ　三十二才

此外科は三ヶ年以前より長崎表江参居候趣有之《これあり》と、その名と歳とが簡単な説明付きで届けられていた。

長崎から警固して来た「阿蘭陀附添之者名前書」と、長崎屋に売り込みに出入りした「定式出入商人の名前書」については別項で詳述しておいた。

江戸参府の一行は大勢である。京の阿蘭陀宿海老屋の主人は分宿させる下宿先の確保に一苦労している。江戸の長崎屋は五都市六軒の阿蘭陀宿のなかでは最も大きく、長崎屋一軒に総人数を泊めて看視の眼が行き届くよう完全管理を狙ってはいたが、何とも大人数である。そこで長崎からの主要人員はもちろん長崎屋に逗留させたが、大坂で追加して雇い入れた宰領十六人と駕籠頭四人、駕籠の者（陸尺《ろくしやく》）八人については長崎奉行の許可を得て近所の旅籠に下宿させざるを得なかったようで、本石町二丁目の高田屋幸次郎と本石町四丁目の嶋屋甚蔵の二軒を確保して分宿の名簿を作成している。これらの者には長崎屋出入りの「鑑札」が渡された。

図12　長崎屋門出入り改方鑑札印鑑（印文「勘」）

長崎屋の使用人、出入りの職人、業者たちの名簿はしっかり見ておきたい。嘉永三年（一八五〇）の例で示すと、長崎屋源右衛門が名簿を作成、その者たちへ「鑑札」を渡してもらえるよう願い出ている。許可が得られると、あらためて普請役から町方の掛へもその旨通知された。厳重を期していたことが察せられる。

長崎屋源右衛門

手代	治　助
同	茂兵衛
同	喜兵衛
同	音　八
同	七　蔵
門番	熊次郎
同	喜　助
人足入	与兵衛
右与兵衛代	松五郎
同	常　吉
同	菊次郎

賄　伊之助
台所働　吉兵衛
同　清次郎
同　弥助
同　忠次郎
同　常次郎
同　冨蔵
酒屋　平右衛門
薪屋　清八
豆腐屋　松五郎
玉子屋　藤兵衛
東国屋伊之助代　幸七
菓子　越後屋播磨
粉屋　勇蔵
家守　夘兵衛

風呂盥　四郎
同　竹次郎
供　五郎兵衛
油屋　平兵衛
肴屋　冨蔵
部屋働　吉五郎
同　惣右衛門
同　辰五郎
同　万吉
同　亀吉
同　五三郎
同　市兵衛
同　和平
同　平吉
小使　千蔵

同　豊吉
同　岩吉
大工　常吉
同　小三郎
左官　定吉
鍼冶　龍古一
損料屋　左兵衛
指物屋　半五郎
髪結　忠三郎
同　粂蔵
同　栄蔵
肴屋　冨蔵

右之者共門出入御鑑札御渡被成《なされ》候様奉　願《ねがいあげたてまつり》　上候、以上

戌二月

長崎屋源右衛門　印

右の名簿の記載振りからして、手代から酒屋の手前の台所働までが長崎屋住み込みの使

用人と思われる。酒屋以下が出入りの業者や職人たちであろう。部屋働と小使も通いの人たちであったか、住み込みの人はいなかったか、断定的なことはいえない。通いだとすれば、何やら現今のホテルや旅館・民宿などに、多忙な特定の時間帯に交替で出入りして働くパート・タイマーのような気がしないでもない。

いずれにしても、江戸参府の一行が逗留中は多忙をきわめたことであるから、五十人を超えるこれらの人が長崎屋の屋敷内、家屋内で忙しく立ち働いていたわけである。さぞや活気に満ちていたことであろう。

残念ながらこの年度の長崎屋の家族構成は未詳である。ブロムホフに宛てた長崎屋の娘おつるとおみののオランダ語文の手紙によれば、「祖父、祖母、父、母がよろしくと御挨拶しております」などと認《したた》め送っているから、健勝に過ごす六人家族の江戸の商家の姿が浮かんで来る。

さらに消費される食料品についてこだわってみる。酒屋、豆腐屋、玉子屋、菓子屋、粉屋、油屋、肴屋と挙がっている。忘れているものはないだろうか。例えば味噌、醤油、塩などの調味料。オランダ人が主客であれば「肉」は誰が調達したか心配になった。「肉屋」があったかどうか。心配したところで思い出した。長崎出島から江戸参府の一行は

「鳥小屋」まで持ち運び、鶏を飼いながら旅を続けてきているのである。出島出入りのオランダ料理の調理法を身につけている専属の料理人「くずねり」を連れて来ていた。まったく心配することはない。となると、長崎からの専属調理人が長崎屋の調理場を借りてオランダ人好みの一品を作るために調理に励んでいる姿が見えてくる。食の異文化交流、やはり台所からであったか。

人の出入り

「紅毛のつ、きし文字の長崎屋駕籠まて横につける式台」と詠まれているごとく、カピタンは門を駕籠のまま乗り入れ、式台に横付けさせた。

諸侯からの「御使者」に対しては開門。ただし門外で駕籠より下りること。蘭人二人とも開門。門内へ乗り込むこと。附添の検使に対しては開門。門外で駕籠を下りること。長崎奉行手附も前に同じ。通詞・触頭・町使に対しては開門に及ばず。門外で駕籠より下り、潜《くぐ》り門より出入りすべきこと。などと規定されていた。その他の「鑑札」の渡されていた者でも、潜り門を通る者、潜り戸を通る者、勝手口から出入りする者、いろいろ区別され、すべて「改《あらため》」のうえ通された。

具体例を二、三紹介してみよう。

幕府天文台訳員と天文台詰阿蘭陀通詞が、蘭人滞留中、「対談」のため長崎屋訪問を希

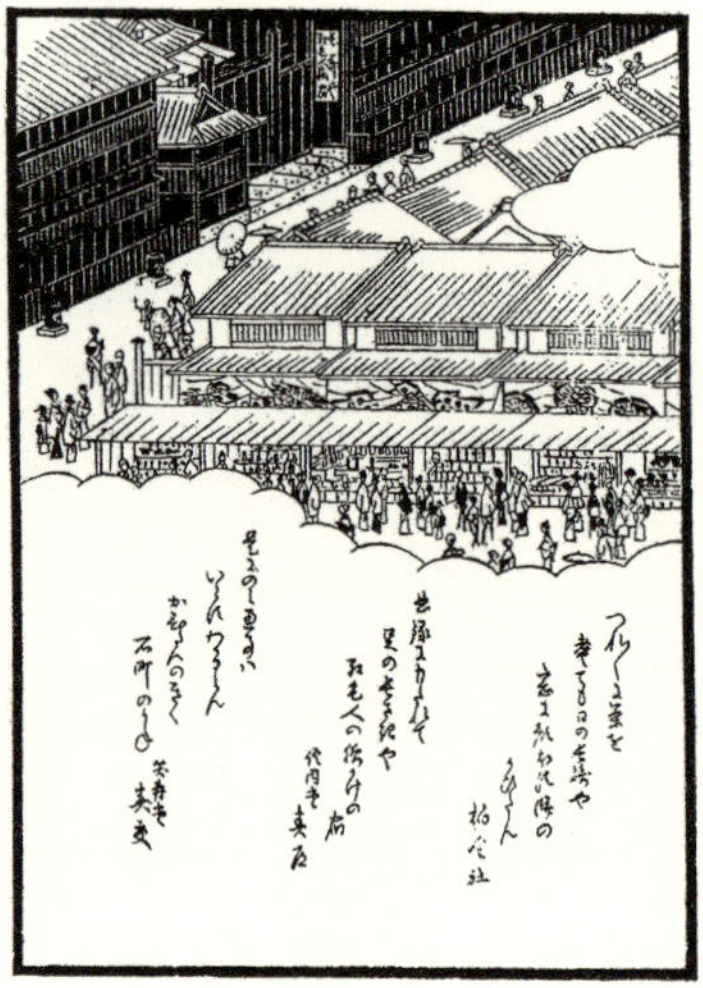

図13　長崎屋表口（『狂歌江都名所図会』より）

望することが毎度のことであった。訳員や通詞たちは、外交文書や蘭書・外国地図などの翻訳に従事していたから、オランダ人や随行して東上して来る江戸番通詞に質問したいことを沢山かかえていたのである。

天文方、阿蘭陀書籍和解《わげ》御用の訳員である天文方手附医師、天文台詰阿蘭陀通詞たちは、すべて天文方山路弥左衛門から在府の長崎奉行へ「伺《うかがい》」の書類が提出され、長崎奉行から若年寄《わかどしより》に「伺」がなされ、許可の指示を得てから長崎奉行から天文方山路弥左衛門へ「付札」で回答された。

天文方や訳員に対してはカピタンの拝礼行事が済んだのち、「両三度」の訪問が許可され、「手伝下役」を連れていくことは「苦しからず」と許された。「日限《にちげん》」については勘定奉行と長崎奉行に都合を問い合わせたうえで訪問するよう指示があった。

天文台詰通詞については「勝手次第」と許可されている。

図14　宇田川榕庵画像

天保九年（一八三八）の場合、右の手続き要領にしたがって、「阿蘭陀書籍和解御用」を勤める杉田立卿《すぎたりゅうけい》、宇田川榕庵《うだがわようあん》、小関三英《こせきさんえい》、湊長安《みなとちょうあん》の蘭学者四名が「伺の通り」許可された。天文方の渋川助左衛門、山路弥左衛門《やまじやざえもん》、足立左内《あだちさない》、吉田四郎三郎、渋川六蔵、山路金之丞、足立重太郎の七人が「手伝下役」を連れて「両三度」の訪問が許可された。天文台詰阿蘭陀小通詞並《こつうじなみ》の堀専次郎は「勝手次第」と許可されている。

弘化《こうか》元年（一八四四）の場合も、山路弥左衛門から天文台詰の阿蘭陀小通詞助《たすけ》の品川梅次郎が「御用蛮書」のうち「尋」ねたいところがあるので「御用透《すき》」を見計って「対談」をしたい旨「伺」がなされ、伺の通り許可が与えられた。

嘉永三年（一八五〇）には、天文台詰である阿蘭陀小通詞助の吉雄《よしお》作之丞と同小通詞並の立石得十郎の両名に「対談」の許可が与えられ、両名は毎日のように長崎屋を訪問している。幕末に近づいたこの頃の天文台詰通詞は、対外関係が輻湊《ふくそう》してきたために、訳業に多忙をきわめ、質問事項を多くかかえていたのである。

カピタンが江戸城の大広間で将軍に対する拝礼の式は、なかなか劇的なものであったと同時に呆気《あつけ》ないものであった。

ただし事前の練習、事後別室での「蘭人御覧《らんじんごらん》」や幕府高官への挨拶まわり（御礼廻勤）など、ことのほかわずらわしいものであった。

言葉の通じないカピタン一行を案内する江戸番通詞は一見目立たない存在のようではあるが、通弁の際は主役的存在であり、城中における細かな前例によって行う所作を漏れなくこなさなければならず、なかなか気苦労の多い役であった。

享和二年（一八〇二）、この年のカピタンはウィルレム・ワルデナール Willem Wardenaar という四十一歳のオランダ人で、拝礼に先立ち、例によって式の稽古をしたものであるが、その直前に付き添いの長崎奉行肥田豊後《ぶんご》守頼常から掛りの御用番へそっと漏らされていたことがあった。それは、「カピタンことのほか肥満にて、拝礼の節立ち居不自由、御目障りの儀もこれあるべき」と。余程のことであったらしい。

この年、江戸番大通詞の石橋助左衛門が記しているところによれば、拝礼の儀式前後のいっさいは長崎掛り「御坊主組頭」の河嶋円節《かわしまえんせつ》の世話にならなければならず、この円節は

「老年功者《こうしゃ》」の者であるから、長崎奉行からの口添えだけでなく、「進物《しんもつ》等厚くいたし」、通詞自身も「頼み置く」ことであると特記している。

したがって、この人物、なかなかうるさい存在であったらしく、江戸番通詞は「此儀心得之事」として、しっかり胸にたたき込んでおかなければならない重要事項であった。

このように江戸城に在ってカピタンの登城・拝礼の際、控の間で待つ間、式場での練習、本式での作法、終って「蘭人御覧」の案内、退出、暇乞《いとまご》いの際の作法・次第、下され物受け取りの作法などなど、城中における万般にわたって作法の指示を受けるカピタン、介添えの長崎奉行、阿蘭陀通詞、長崎屋主人にとって、その指示・先導に当たる「御坊主」の存在は大きく、ことに「長崎掛り御坊主組頭」の存在は絶大であった。なかでも「老年功者」の「御坊主」として河嶋円節の名は関係者の間に鳴り響いていた。長崎奉行も通詞も付け届けを厚くすべく心得ておかねばならぬ重要対象人物であったのである。

その御坊主組頭の河嶋円節が同じく御坊主の岡円宅を同道して、献上物などの事前見分などで長崎屋を何回も訪れている。「焼印札」などなしで長崎屋へ出入りすることについて、長崎屋に詰める普請役・組同心に通知しておくよう長崎奉行から町奉行と勘定奉行に対し通知されていた。大変な権勢振りであったことが察せられる。

大坂の銅吹所詰《どうふきしょ》の銅座《どうざ》役人で、大坂における本陣と阿蘭陀宿も務めるという三つの顔を持つ為川半十郎が、「賄《まかない》等」の仕方を見習っておくため長崎屋を一両度訪問したいと願い出たが、「御取締」につきという理由で町奉行・勘定奉行両方の役人から不許可扱いにされている。嘉永三年（一八五〇）二月二十九日、銅座役人為川住之助が長崎検使の水野鉉太夫に面会のため訪れたが、門番人の伺いに対して「達《たつし》（＝しかるべき手続きによる通達）」が「無」いからという理由で、詰切りの組同心加藤太左衛門は許可しなかった。この銅座役人空《むな》しく大坂へ帰っていったことになろうか。

長崎から随行の役人の江戸の親戚、知音《ちいん》との面会や墓参などの外出を希望する場合には、検使の許可を必要とした。

病人発生のときには近所の医師の往診が認められた。

嘉永三年三月二日、蘭人に附き添って長崎から来ている弥吉が道中から「不快」続きであったため、「本石町医師下条通春《つうしゅん》」の往診を得た。「服薬等」させた。この際の医師の「門出入」は「人参座」へ「相通」じ、そこで弥吉を診察させた。詰切の普請役が「立合」った。

その後、医師下条通春は連日「病人見舞」のため長崎屋を訪れた。自身で来られないときには門弟の「春立《しゆんりゆう》」を見舞につかわしている。

それにしてもこの期間、長崎屋にはオランダ人医師モーニッケが滞在しているのにわざわざ近所の医師を往診に頼んでいる。弥吉のような軽輩であったからか。もう少し上級役人の場合であっても、近所の医師が頼まれている。これらの医師が蘭方医《らんぽうい》であったか漢方医であったか大いに興味深いところであるが、著者の確認の手はそこまで及んでいない。

物の出入り

カピタンも、随員の書記や医師も、日本の珍しい土産品を求めたがった。生活上の入用品を買い入れる必要もあった。しかし、キリスト教国の人であるオランダ人が勝手に街に出ることは許されない。江戸の商人から、長崎屋に売りに来てもらわなければならない。かといってどっと押しかけられたら混乱をまねく。管理できない。警備に支障をきたす。そこで比較的近い範囲から出入り商人が絞られ、長崎屋定式出入商人というものが決まってくる。

オランダ人のために、定式出入商人が長崎屋に商品を持参する。

商人たちは「品書」と出入りの「断書」を提出する。すると詰め切りの御普請役が書類と品物を「突合」せ、「改」めのうえ、それぞれの書類に「見届印（印文「万里通」）」と「押切印」を捺して出入りさせた。

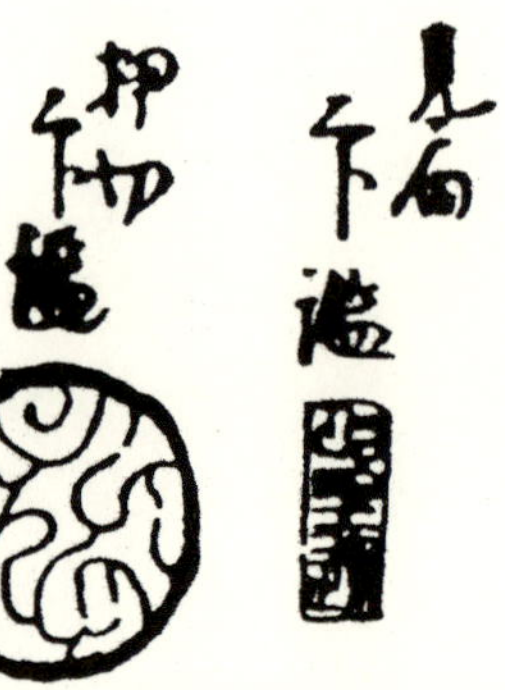

図15　見届印鑑（右，印文「万里通」）と押切印鑑（左）

長崎屋に持ち込まれた品は、次にどのような手順でオランダ人に売り渡されたか。

まず江戸番大通詞と売込み人が諸品を見分する。オランダ人に見せる品を選び分ける。見せる品のリストを作成する。詰め切りの同心の「改」めを受けたうえでオランダ人へ見せる。

次に「何々は差返し」「何々売入」れとして「書付」を作成する。「不用の分」は「改」めて差し返す。

右はシーボルト事件以降の厳しい手順である。附き添いの者が「土産」を買い入れる場合には、商人が持ち込んだ品を詰め切り同心の「改」めを請けたうえで、それぞれの部屋へ持参する。帰りにも同心の改めを請けて持ち帰る、というものであった。

例えば嘉永三年二月二十九日、オランダ人長崎屋到着の翌日、早速、越後屋が「呉服類」を持ち込み、右の手順で手続きをし、売り込んだあと残品を持ち帰っている。

長崎屋では「御制禁」の品目リストが重要な働きをしている。定式出入商人が持ち込む品々の見分に当たる詰め切り同心が手控えている。当然といえば当然のことである。
荒井太右衛門の筆録によれば、「天保九戌年三月」に、長崎奉行の戸川播磨守安清から長崎掛の御勘定龍崎大助が受け取ったリストが「御普請役留」のなかに見受けられたので「写し置」いた、というのである。やや長文になるが重要と思われるので、次に掲げておこう。

阿蘭陀方御制禁之品
、一御紋　、一武道具　、一武者絵　、一絵入之源氏　、一日本船之小形并絵　、一日本之絵図　、一やっこ喧嘩人形　、一大工鑓鉋《やりがんな》　、一日野絹　、一加賀絹　、一紬　、一郡内之類　付札　、一布之類　、一木綿之類并織物　、一惣而《そうじて》日本拵《こしらえ》之《の》織物　、一繰綿　、一真綿　、一銀　、一阿蘭陀刀日本拵　、一油是は船中ニ而遣用程は差免《さしゆるす》　、一酒右同断
右延宝九酉年九月申渡
下ケ札
書面之内船々細工物絹紬布木綿織物綿等之類并酒之義は其後差免為売渡《うりわたせ》申候
一堆朱《ついしゅ》青貝卓類　一同箪笥《たんす》之類

一同硯箱文庫　　一同香箱之類
一同食籠《じきろう》之類　　一青貝盆之類
一同筆之軸　　一同硯屏《けんぺい》之類
一唐金《からかね》焼物筆架水入之類
一同香炉花入　　一唐金水指鈑銅之類
一焼物皿鉢茶碗之類　　一壺幷茶入之類
一仏

下ケ札

婚礼之絵幷葬礼之絵相調度紅毛人願出候者、年番町年寄福田源四郎伺出候ニ付、調申付候処、不苦絵之旨申聞ニ付、聞届、文政十一子年六月十六日裏印相渡候事

一墨跡幷唐絵掛物　　一唐絵軸物押絵
一珊瑚《さんご》珠《じゆ》瑪瑙《めのう》琥珀《こはく》水晶之数珠
　但緒留メは不苦候
右品々停止、天明三亥年閏五月申渡、尤紅毛方江は如何様而《いかようにて》も不申渡売せ申候

一束帯幷諸官服着之絵
但、玉躰幷御幸等之図、且男女猥ヶ間敷《みだりがましき》、弥《いよいよ》堅制禁　享和四子二月十八口在館
唐人笑絵掛板調度旨願出候得共御聞済無之候事
一武者絵
但、備立陳(陣)取陳(陣)押等之図弥堅制禁
一城郭紛敷絵
但、城郭幷陳(陣)所取で(砦)全図弥堅制禁
下ケ札
「書面之内仏墨跡幷唐絵掛物同軸之物押絵珊瑚珠瑪瑙琥珀水晶数珠之外は其後
差免為売渡申候
右は寛政四子年八月申渡、尤高銘之歌人武者抔《など》両三輩画キ又は粟津晴嵐抔与申類城之
片端而已画キ候類は画薄絵共改を請候上為売込、右之外ニも売渡候而は如何与存候品
は其時々伺候様申渡ス

幕府とカピタンの情報が入る宿

幕府御用と商いの道

長崎屋が日本橋本石町《ほんこくちょう》三丁目に在って、何回類焼にあったか、今となってはわかるはずもない。
寓目《ぐうもく》できた史料の範囲で列挙してみよう。

転宅願う三通の願書

文政《ぶんせい》から天保《てんぽう》年間（一八一八―四四）、当主の座にあった長崎屋源右衛門が頻発する火災を避けきれず、類焼がたび重なってすっかり音《ね》をあげ、移転を願い出た。そんな願書が三通も、長崎のシーボルト記念館が所蔵する阿蘭陀《オランダ》通詞《つうじ》中山家の文書のなかに含まれている。

第一通は「乍恐《おそれながら》書付を以《もって》奉《ねがいたてまつり》願候」と題した「六月四日」付の長崎屋源右衛門からの願書。

第二通は「書付を以奉願候」と題し、「午六月十四日」付で長崎屋源右衛門から宛先人に「大通詞様、小通詞様、御披露」と書かれて提出された願書。
第三通は「書付を以奉願候」と題し、「天保五午年七月十三日」付で長崎屋源右衛門から宛先人「大通詞様、小通詞様」に提出された願書である。

これら三通は、文面からして同一年すなわち天保五年（一八三四）のものである。短時日の間に繰り返し嘆願しているわけで、重複した記述も見られるが、その文面には注目すべき点が多く含まれている。

そこで、三通の願書に見える内容を、重複を避けて整理・列挙してみる。

① 文政三年（一八二〇）十二月二十九日に長崎屋は類焼。
② 天保元年（一八三〇）にも類焼。
③ 当天保五年（一八三四）二月七日にもまた類焼。
④ 結局、中十四ヵ年に三度も類焼した。
⑤ 天保元年来、場所替えをお願いしているところである。
⑥ この際、市中を離れ、火堅き場所を選び、地所坪数を増し、蘭人の旅宿部分だけ中二階建てとし、そのほかは平屋建てとして、家作は惣普請で願いたい。

⑦ 普請は明天保六年二月下旬の阿蘭陀献上物通詞持ち越しまでに間に合わせたい。
⑧ たびたびの類焼により、普請拝借金は今までに高千八百六拾両程に達している。
⑨ 長崎会所の評議により、長崎屋の受用銀は四貫目が去る天保四年より半高の二貫目となっている。
⑩ 前例により、江戸表の勘定所と長崎奉行牧野長門守成文に家作普請金の拝借願いの願書を提出。
⑪ 右の願書の「写」を通詞へも提出。
⑫ カピタンからの「送砂糖」は、天保元年の前例通り八拾籠を下されるよう通詞方から披露願いたい。
⑬ そのため、カピタンへ「願書幷場所替願書」を提出する。
⑭ 不足分は長崎会所から拝借したい。
⑮ 場所替えの場合、場末のため蘭人在府中は入目《いりめ》（＝経費）が少し余計にかかる。
⑯ 受用銀・賄料足しとも多分の返納となり、暮し方差支え、難渋至極となる。
⑰ 二百年程も御旅宿御用を勤めてきた。
⑱ 私儀（長崎屋源右衛門）は生年五拾九歳（逆算して安永五年〈一七七六〉の生まれで

ある）。

⑲　三通の願書は、天保五年（一八三四）六月四日付、同六月十四日付、同七月十三日付で提出された。

⑳　差出人はいずれも「長崎屋源右衛門」である。

㉑　宛先は大・小阿蘭陀通詞である。

これによって見ると、第一条から第四条までは、類焼事項。第五条から第七条までは、場所替え、建替え事項。第八条から第十四条までは、建替え費用の調達事項。第十五条から第十八条までは、付随的に判明した事項。第十九条から第二十一条までは、願書の日付・差出人・宛先事項、であることがわかる。

右の各条の文面に見える諸事項のうちで説明を要するものがある。長崎屋関連の範囲で簡潔に説明をしておこう。

「長崎会所」とは、長崎における唐・蘭貿易を一手に引き受けて行っていた日本側の貿易機構で、そこの「調役」は長崎の町年寄が兼務していた。

「カピタンからの送砂糖」とは、オランダ商館長から主要なるオランダ定宿《じょうやど》である長崎屋源右衛門に贈られた白砂糖である。当時、白砂糖が高価な輸入商品であったことは、江

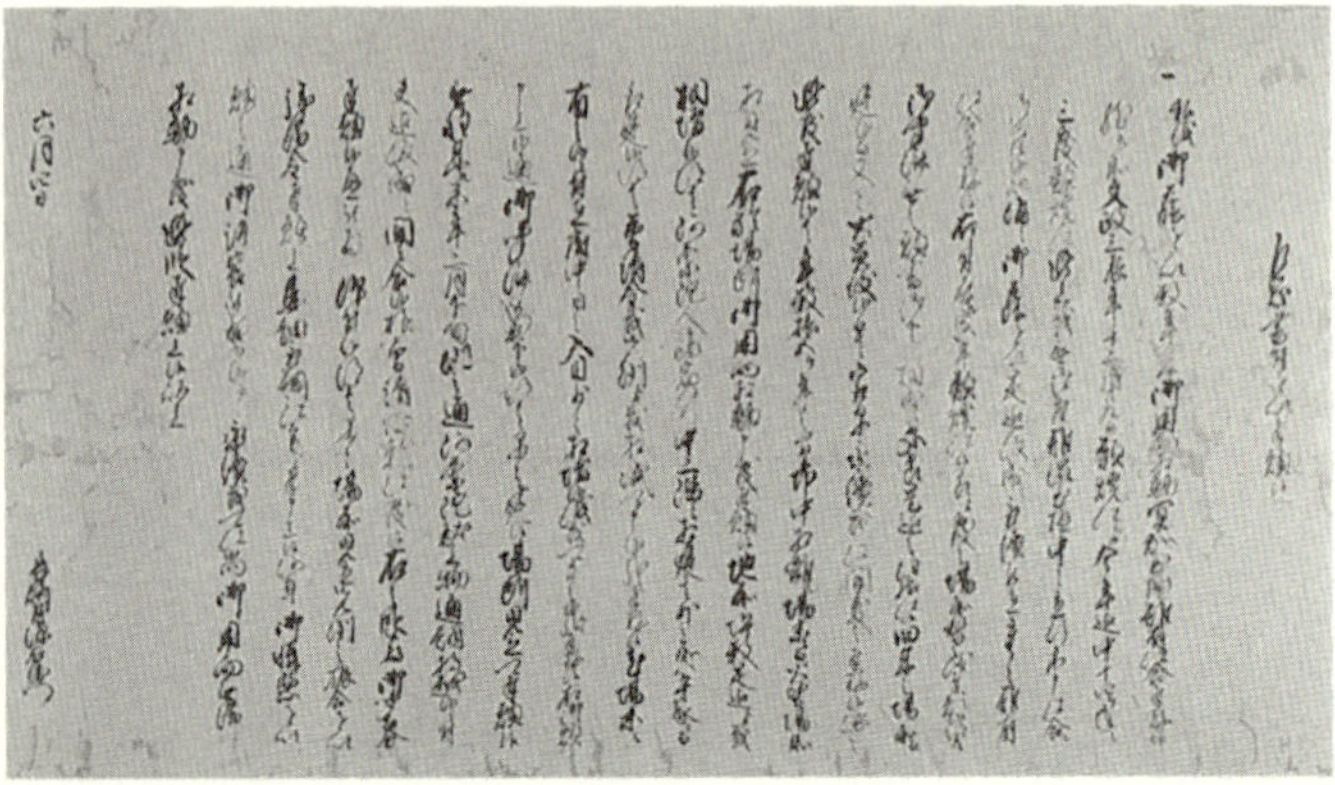

（第一通）

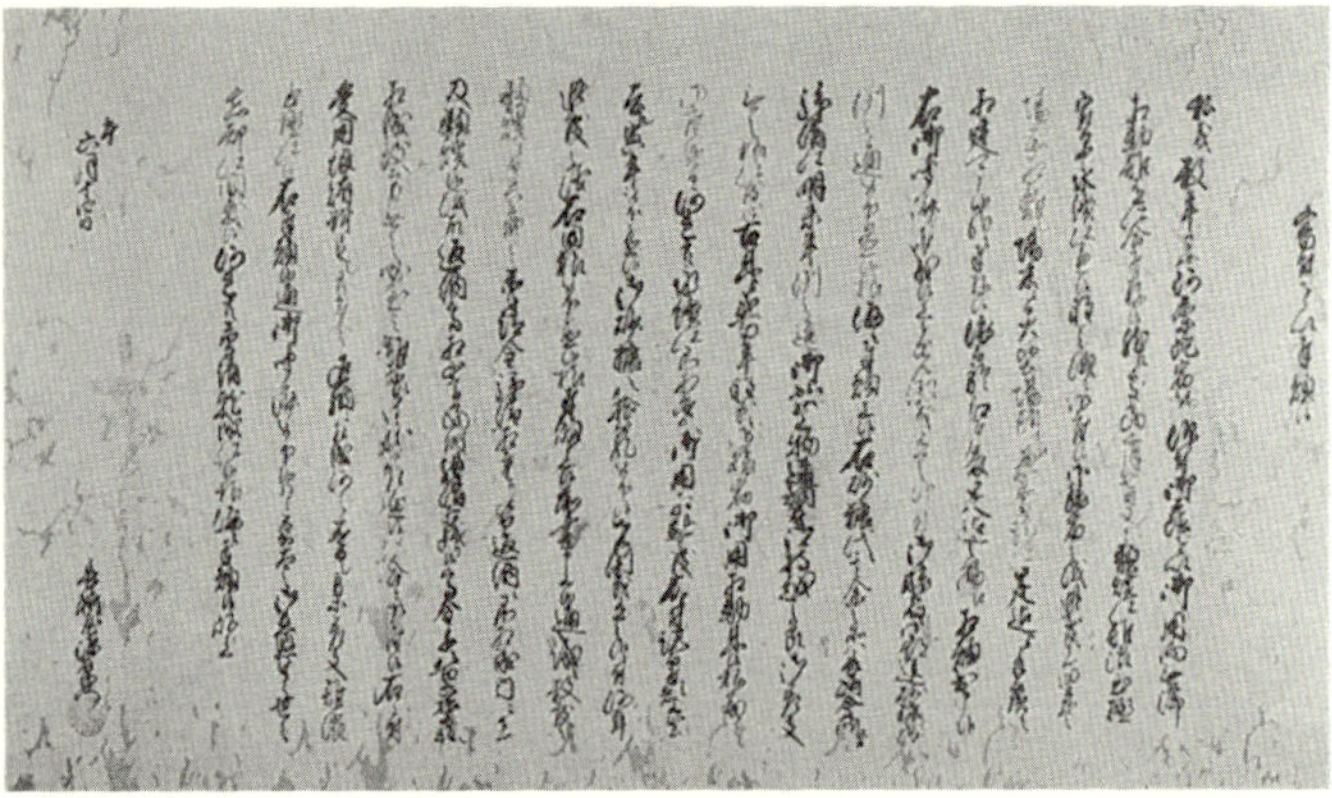

（第二通）

図16　転宅を願う願書（『中山文庫』，シーボルト記念館所蔵）

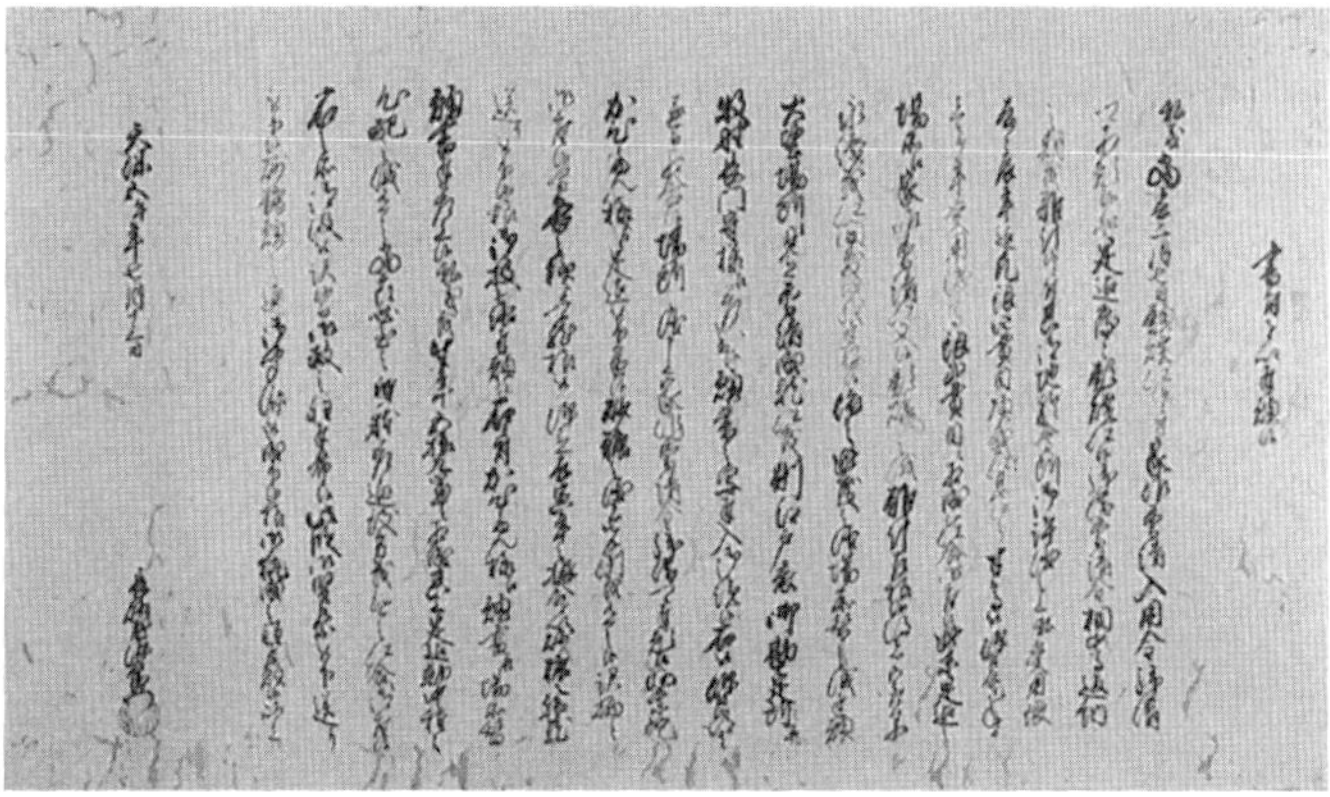

（第三通）

戸参府の帰路、掛川で病歿した商館長ヘンミーの永代供養料が白砂糖で天然寺《てんねんじ》に納められたり、商館長ドゥーフがその子息、道富《どうふ》丈吉《じょうきち》の養育料として年々白砂糖で支払えるよう積みたてていた、などと聞くだけで首肯できようというものである。

第十七条に見える、長崎屋が「二百年程」も「御旅宿御用」を務めてきたと明記していることは注目に値する。「二百年程」と「程」の一字が付いているから、ちょうど二百年ということでもなかろうが、天保五年（一八三四）から試みに二百年遡ってみると、何と寛永十一年（一六三四）となる。したがってオランダ商館はまだ平戸に在った時代である。と同時に、オランダ商館長の江戸参府が毎春に定例化したのが寛永十年（一六三三）であったことを想起させられる。してみると長崎屋源右衛門は、オランダ商館の平戸時代も江戸参府の行われたほぼ当初の頃から「御旅宿御用」を務めていたいわゆる「阿蘭陀定宿」であったことが判明する。

さて、こんなにも火災を避けて転宅のうえ務めを果たしたいと歎願を繰り返していた長崎屋源右衛門に対して、その願いは聞き届けられたものであったであろうか。中山家文書のなかには、その後のことを確認できる史料はまだ見つかっていない。

ところが思わぬところから、長崎屋の転宅年月日を確定できる史料・記事に巡り合う幸運に恵まれた。

転宅の記録

生糸《きいと》輸入の独占商人であった江戸・京・大坂・堺・長崎の五ヵ所商人《ごかしょしょうにん》のことはよく知られている。糸割符《いとわっぷ》京都宿老《しゅくろう》を務めた家に巨智部《こちべ》家という家がある。巨智部忠陽、通称英三郎が『要録《ようろく》』と題する長崎勤務中の記録を遺している。全二十一冊で収録年は弘化《こうか》二年（一八四五）から慶応《けいおう》二年（一八六六）に至る。このうちの第十六冊目、すなわち安政六年（一八五九）の一冊に該当記事を見出すことができた。すなわち七月十九日の条に、

一御役所五ツ時出勤之事　　五ヶ所宿老江

阿蘭陀宿長崎屋源右衛門儀、鉄砲《てつぽう》洲《ず》船松《ふなまつ》町《ちょう》弐丁目江去月十四日致転宅候旨、従江
府申来候間、為心得相達候

　　　未七月十九日

と見える。ここに見える「御役所」は長崎奉行所をさす。「五ツ時」というから現今の八時に、長崎在勤の五ヵ所の糸割符宿老たちが奉行所に出勤した際に伝達された文面が、京宿老巨智部忠陽の手によって『要録』と題する書留帳に書き留められたわけである。

　その内容は、江戸の「阿蘭陀宿長崎屋源右衛門」が「去月十四日」すなわち六月十四日

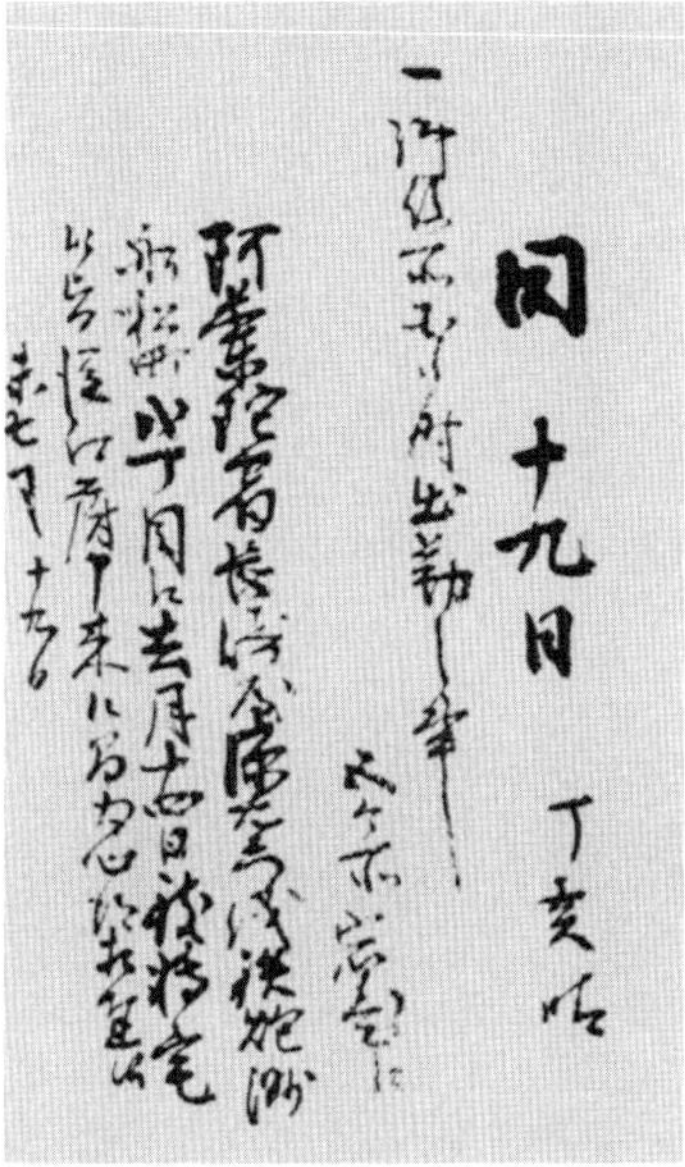

同十九日　丁亥晴

図17　転宅の記録（巨智部忠陽『要録』安政6年条部分より，長崎歴史文化博物館所蔵）

に「鉄砲洲船松町弐丁目」へ「転宅」したというものであった。これは現在の東京都中央区湊町に当たる。その江戸からの報らせを「未」すなわち安政《あんせい》六年（一八五九）の「七月十九日」に、長崎奉行所が長崎に詰めている「五ヶ所宿老」へ通「達」したことがこれで判明する。

長崎屋の何代目当主が何時《いつ》頃から火災・類焼を避けて転宅を希望し出したか。史料がなく、もとより明確にはなし得ない。しかしオランダ商館長の参府日記や旅行記には、地震や近火を報ずる記事が頻出している。おそらくは、そのたびごとに、長崎屋は参府一行の安全と献上物保管の安全に心をくだいたことと察せられる。

長崎屋源右衛門が提出した転宅歎願書から判明し、見えてくることが多い。主なものを確認しておこう。

蘭学発祥の地

天保年間（一八三〇―四三）に当主の座にあった長崎屋源右衛門は、十四ヵ年に三度も類焼したという。単純計算をすれば四、五年に一度ずつ類焼したことになる。これではたまったものではない。何としても転宅したかったわけである。

長崎屋には長崎会所から受用銀が支給されていた。先に紹介した長崎の『諸役料帳』や『諸役人帳』に記載されていたことに当たる。長崎屋が再建・復興するための資金が受用銀・賄料を担保にした拝借金に頼ることがたび重なって借金が「千八百六十両」に達していたという。もし一両が十万円とするならば、何と一億八千六百万円となる。

同じくオランダ商館から長崎屋に贈られた「送砂糖」も再建資金に充当されていたことが判明する。したがって、長崎屋が当時高価な輸入品としての砂糖を他に販売したことが判明する。

長崎屋源右衛門が資金の拝借を願い出る願書は、江戸において長崎掛の勘定所と長崎奉行のもとに提出された。

これを受けて、長崎における長崎会所は、長崎屋に対する受用銀・賄料の支給額、貸付け額について吟味するところがあった。

長崎屋源右衛門にとって、オランダ商館長に対する「送砂糖」の支給願いや移転問題をはじめとする諸種の通知・手続き事務についての交渉は、いっさい阿蘭陀通詞に依頼しなければ事が運ばないことであった。

したがって、長崎屋をめぐる日蘭交渉、江戸長崎間の連絡・交渉には、阿蘭陀通詞の関与する点が大きかった。そのため阿蘭陀通詞が大きな権限を持っていたことも察せられる。

このような関係は、一人江戸の長崎屋源右衛門に対してだけでなく、ほかの主要なる都市におけるオランダ定宿についても言い得ることと察せられる。京の海老屋《えびや》こと村上文蔵、大坂の為川半十郎、下関の伊藤家と佐甲家、小倉の大坂屋こと宮崎良助などに対してである。

それにしても、天保五年にあれほど歎願を繰り返した長崎屋源右衛門の願いは、結局、二十五年間も聞き届けられることなく過ぎてしまった。その間に幾度類焼に見舞われたことか。そのつどいかなる方法で再建が繰り返されたか。拝借金と送砂糖の転売とによるものであったか。史料が得られず、いっさい未詳である。

安政六年六月十四日、長崎屋の移転先が鉄砲洲船松町二丁目。鉄砲洲といえば江戸の蘭学発達のうえで因縁浅からざる地。

明和八年（一七七一）、杉田玄白《すぎたげんぱく》・中川淳庵《なかがわじゅんあん》らが前野良沢《まえのりょうたく》の宿所に会してかの『ターヘル・アナトミア』に打ち向い、「艪舵《ろかじ》なき船の大海に乗り出だせしが如く、茫洋《ぼうよう》として寄るべきかたなく、ただあきれにあきれて居たるまでなり」と嘆息した地は同じく鉄砲洲の中津藩中屋敷内。まさに蘭学発祥の地であった。

丸焼けに焼け出されても、長崎屋は阿蘭陀宿の務めを果たさなければならない。

拝借金と白砂糖

再建資金をどのようにして確保できるか。源右衛門にとっては死活問題であった。類焼した当座、輸入薬などの仕入れを「元値」にしてもらう特別の配慮をしてもらったり、カピタンの江戸参府における献上物や進物の残品を買わせてもらって販売に努めてみても間に合うわけもなかった。

そこで長崎屋源右衛門は、幕府に対しては「拝借金」の願書を提出、オランダ商館に対しては「白砂糖」貰い受けの申請をした。

手続きとしては、江戸において長崎掛の勘定所と長崎奉行に願書を提出、長崎奉行は老《ろう》中《じゅう》の吟味を受けなければならなかった。

オランダ商館長カピタンに砂糖で補助してもらうにしても、すべて阿蘭陀通詞に歎願しなければならなかった。「言語」の難問題が存在したからである。

片や絶大な権力を持つ役人を相手に、片や尊大な態度を示す通詞の横暴な振舞いにも耐えて、結果を待たなければならず、長崎屋源右衛門にとっては難儀な交渉ごとであった。

「長崎屋源右衛門差出　明和九辰年安永七戌年拝借被仰付候金高未上納相懸候覚書　壱通」という文書を史料にして、詳しく具体的に見てみよう。

再建の資金

明和九年（一七七二）、長崎屋源右衛門は「金六百両」の「拝借金」を人《にん》参座《じんざ》用意金のうちから借り受けた。このうちの金二百両は両替六拾目で、四百両分は長崎相場の六拾六匁八厘替で計算し、金六百両は銀高三拾八貫四百三拾弐匁ということであった。

ところがオランダ人より「砂糖」四拾五籠を明和九年と安永二年の両年において補助された。この砂糖の払代銀は弐拾三貫百弐拾五匁六分七厘弐毛五弗であった。

そこで、この補助砂糖代銀を拝借金返済に入れ、残りが拾五貫三百六匁三分弐厘七毛五弗となった。

これを翌年から十五年賦、一年につき壱貫弐拾目四分弐厘壱毛八弗ずつ、長崎表で支給される受用銀のうちから返上納の計算で、すでに十ヵ年返済してきた。

次に安永七年（一七七八）には、金五百五拾両を人参座用意金のうちから拝借することができた。

これは六拾壱匁四分三厘の長崎相場で、銀高三拾三貫七百八拾六匁五分であった。

ところが、このときもオランダ人から安永七年と翌安永八年の両年において砂糖四拾五籠の補助があった。この砂糖代銀弐拾八貫七百八拾八匁八分四厘七毛五弗を拝借金返済に

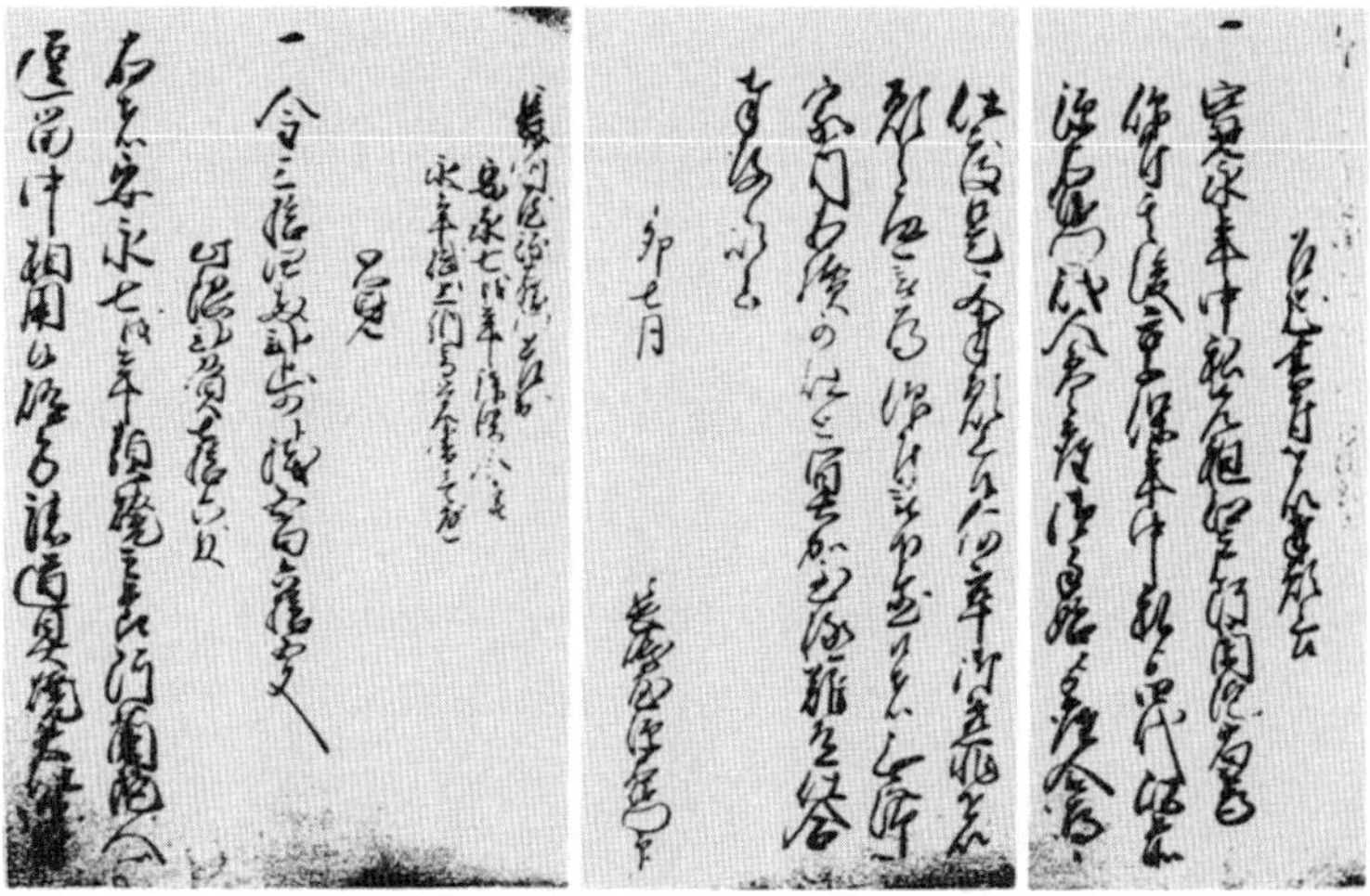

図18　長崎屋源右衛門の拝借金願書（『長崎御用留』より，長崎歴史文化博物館所蔵）

入れ、残り銀は四貫九百九拾七匁六分五厘弐毛五弗となった。これを翌年から拾五ヵ年賦で、一ヵ年に銀三百三拾三匁壱分七厘六毛八弗ずつ受用銀から返納して、すでに四ヵ年返済してきた。

　この頃の長崎屋源右衛門が長崎表（実際は長崎会所）から支給されていた受用銀は六貫九百四拾目、賄料は二貫目余の計八貫九百四拾目余であった。

　このように安永七年の場合でいうならば、長崎屋源右衛門が調達した再建資金は、拝借金、銀三十三貫七百八十六匁五分。砂糖代、銀二十八貫七百八十八匁八分余。計、銀六十二貫五百七十五匁三分余であった。これを試みに一両六十匁替で現在の十万円で試算してみると、一億四百二十万円、ざっと一億円ということになる。すると一度丸焼けに焼け出されると、長崎屋は約一億円かけて再建を果していたことになる。

それにしても、調達総再建資金のうちの四六％、ざっと半分近い資金をオランダ商館からの「白砂糖」で得ていたということになる。となると阿蘭陀定宿の長崎屋源右衛門、ずいぶん甘い話ではないか。甘い家業ではなかったかといわれそうである。確かにそんな面もなかったわけではない。

それというのも、外国使節一行の宿泊を引き受ける定宿としての公儀「御用」を務めるからこそ受けられる「拝借金」であり、オランダ商館からの「砂糖」による助成であったのである。とはいっても「年賦」払いで返納し続けなければならない。「一時的資金」で返済に追われ通しであったことも確かである。

このような拝借金の繰り返しで、長崎屋源右衛門の拝借残金が、天保五年（一八三四）現在でじつに金千八百六拾両にも達していたことは前記の通りである。金一両を、仮に現在の十万円と計算してみると、一億八千六百万円となる。かつこれを、「永年賦」にしてもらって返済すればよい、という問題ではなかった。

大江戸がすっかり過密都市に大変貌を遂げてしまった。その真っただなかに在った長崎屋。「近年、打ち続き類焼」の頻度は「中十四ヶ年の間に三度類焼」に至っている。この分ではまた四、五年のうちに類焼、丸焼けということにもなりかねない。そのたびに借財は嵩む一方である。何としても類焼を避けなければならない。「転宅」を切望せざるを得ない事情がここにあった。

糸割符商人の定宿

歴史の教科書に「糸割符商人」とか「五ヵ所商人」と見える商人は、輸入の白糸（＝生糸）を一括購入し、専売を許されていた特権商人のことである。

堺・京・長崎三ヵ所の糸割符仲間ができたのが慶長《けいちょう》九年（一六〇四）、江戸と大坂が追加されて五ヵ所糸割符仲間となったのが寛永十―十一年（一六三三―三四）の交《こう》であった。五ヵ所の糸割符仲間による日光東照宮《にっこうとうしょうぐう》への「燈籠《とうろう》献上」は寛永十三年（一六三六）のことである。東照宮の日光山輪王寺《にっこうさんりんのうじ》の境内、相輪橖《そうりんとう》の前に今も五ヵ所糸割符仲間の献上した唐銅御燈籠二基を見ることができる。

「日光献上唐銅御燈籠覚書」（宝暦《ほうれき》三寅年〈一七五三〉、九州大学九州文化史研究所松木文庫）を見ると、次のような記録を見ることができる。

長崎屋源右衛門儀ハ、京・堺・大坂・長崎四ヶ所ノ者参府之節定宿ニ、御役人様方へ相届有之《これあり》、御燈籠献上之頃も、右一件之儀ニ付、別而何角上方ヶ所ゟ《より》取合も有之、依之、其節之儀、諸事源右衛門能《よく》存知罷在《まかりあり》候儀故、書中有之事

長崎屋源右衛門が、五ヵ所糸割符仲間商人たちが「参府」すなわち御礼の挨拶や歎願などで江戸に出てきたときの「定宿」を務めていたというのである。

寛永十三年（一六三六）「燈籠献上」の際上方の糸割符商人から「取り合い」があって、なにかにつけて「諸事」をよく知っていた源右衛門が頼りにされていた様子が窺える。してみると、「定宿」を務めた長崎屋源右衛門は糸割符仲間が結成される以前の、よほど古くからの対外関係の諸事を熟知しており、商人たちが江戸出府、逗留の間に諸手続きをしようとしたとき、幕府と商人との間に立って何かにつけて働きのある存在であったものと察せられる。

これらのことを考え合わせると、長崎屋源右衛門はポルトガル商人を相手としたいわゆる南蛮時代から、対外交渉面において活躍していた存在であったことが判明する。

この実績があったからこそ「寛永年中私先祖江戸阿蘭陀宿仰せ付けさせられ」と天明三年（一七八三）長崎屋源右衛門が長崎奉行久世《くぜ》丹後守《たんごのかみ》広民《ひろたみ》に提出した「拝借金願書」のな

（左側燈籠銘文）

図19　五ヵ所糸割符仲間商人が献上した
2基の燈籠（輪王寺境内所在）

かで明記し、自己の経歴を述べている事情がはっきりと理解できるのである。

したがって長崎屋源右衛門宅は、南蛮貿易に従事する朱印船《しゆいんせん》貿易家たちが利用する宿として賑わいを示した。次いで五ヵ所糸割符商人たちによる定宿として頼りにされ、繁昌振りが見て取れる。その実績から、時代がかわって禁教・鎖国下の世になっても、長崎商人、町役人、オランダ商館長＝カピタンの江戸参府一行が定宿として止宿し、逗留する「阿蘭陀宿」を公儀から命ぜられ、代々の源右衛門がその役務に従事した自然の筋道が容易に理解されるのである。

カピタンへの江戸城ガイド

許可の通知があってカピタンが登城・拝礼の式に臨む日、長崎屋の主人源右衛門は一行の先導を務めた。

本石町三丁目の長崎屋を出て江戸城まで、常盤橋《ときわばし》を渡り、大手門《おおてもん》へ向かう。百人番所《ひやくにんばんしよ》でしばし控えて待つ。

城中では長崎掛坊主に従ってすすむ。控えの間でのこと、式の稽古のことなど何かにつけて細かなことであるが、長崎屋源右衛門はよく知っていた。将軍に対する拝礼はカピタン一人が在府長崎奉行と江戸番大通詞《おおつうじ》の介添えを得て大広間で行なう。その間ほかの随員オランダ人と長崎屋源右衛門らは殿上の間次に控えている。

膝行《しっこう》して定位置につく。拝礼。「オーランダのカピターン」と奏者番《そうしゃばん》によって声高に呼び上げられる。ただちに退出。何とも呆気ない拝礼であったことか。このための往路・復路三、四ヵ月の長旅であったのに……。

しかしそのあと控えの間で、本丸では御座之間《ござのま》で、あるいは黒書院《くろしょいん》か白書院《しろ》で、あらためて「蘭人御覧」と称して帽子やマント、衣服、帯剣など持ち物が回覧されたり、あるいは歌謡を、あるいは舞踏をといろいろ所望されることもあった。

本丸では将軍に対し、西丸では世子《せいし》に対し、それぞれ拝礼がすんで江戸城を退出すると、カピタン一行は老中《ろうじゅう》以下幕府高官の役宅を廻って無事拝礼をすませることができた御礼の挨拶をして廻る。これを「廻勤」と呼んでいる。

廻勤には通詞とともに長崎屋源右衛門が随行、先導を務めた。拝礼登城に同道した宗門奉行と長崎奉行からは城中において屋敷まで廻勤の必要はないと挨拶があって省略されたが、老中、若年寄《わかどしより》、寺社《じしゃ》奉行、町奉行全員の役宅を廻勤するのに拝礼の当日も含めてたっぷり二、三日はかかった。宿所の長崎屋に帰るのは夜の五ツ時（＝八時）にもなった。

廻勤の道順、各役宅では、蘭人と通詞・長崎屋が玄関から上に上がって挨拶、その応対の順序、受ける饗応の次第など長崎屋源右衛門が一番よく知っていて、役立つことであった。

暇乞《いとまご》いに再度登城、廻勤の際も拝礼登城のときに準じて先導を務めた。

暇乞い・廻勤を終って帰ると、廻勤先の諸侯からの使者がそれぞれ返礼の品を届けに長崎屋を訪問、その受領から使者に対するカピタンの饗応など、長崎屋主人の世話は細部にわたり気を遣うことが多かった。

人参の販売

天明《てんめい》三年（一七八三）、長崎奉行久世《くぜ》丹後守広民《ひろたみ》に提出した「拝借金願書」において、長崎屋源右衛門は、

享保年中、私より四代以前、源右衛門代、人参座手始より座人仰せ付けさせられといっている。享保年中（一七一六―三六）、「人参座」設置の当初から「座人」を命じられたというのである。

これは『撰要類集《せんようるいじゅう》』が収載する「町触之写《まちぶれ》」によって、享保二十年卯三月、石町三丁目長崎屋源右衛門に「唐人参座」が命ぜられたこと。人参値段については、

上人参　壱両につき　代銀五拾八匁

下人参　壱両につき　代銀二拾八匁

で売り出されたこと。販売方法については、町人は居住するところの名主、五人組が印鑑

を人参座に届け出ておき、一人一回掛目《かけめ》「半両」ずつ合印のうえ売り渡し、大病人の場合は、増量の販売も許した。唐人参を座以外の脇々で商売することは朝鮮人参と同様、勝手次第である、という内容であったことがわかる。

『武江年表』はこれを受けて享保二十年（一七三五）の条に、

　三月、本石町へ初めて人参座を置かる。町医岩永玄浩、杉山養元和人参を製す。同木下得仙日光人参《にんじん》独参湯《どくじんとう》を弘む。

と記している。『日本経済史』の著者竹越《たけこし》与《よ》三郎《さぶろう》氏は「徳川時代の座制」の項において「本石町にある人参座は、唐人参を専売し、傍ら和国人参を売る人参座にして、貞享年中に設けられたる朝鮮人参座の外に独立したるものの如し」といっている。

幕府が享保二十年三月十七日、はじめて唐人参座を設置した際、長崎屋源右衛門が「座人」を命じられ、広東《カントン》人参の販売に従事したことがわかる。

前記「拝借金願書」は続けて、明和年中（一七六四―七二）に「和製龍脳《りゆうのう》売弘取次所」も命ぜられたことを伝えている。その「吟味役」はいろいろ代わったが、長崎屋源右衛門に命ぜられた「座人」は「相続」を命ぜられ、変わりなく務めてきたことを述べている。

幕府お墨付の秘薬

日本橋界隈にはいろいろな問屋が多い。薬種問屋もあった。ことに長崎屋は輸入薬を扱う大店《おおだな》であったようだ。

唐船・オランダ船で舶載された輸入薬のなかでは、「唐人参」「朝鮮人参」は王座を占めていたことであろう。

薬用人参はかつて東洋の秘薬といわれ、特別な存在であった。ウコギ科のオタネニンジンの根であるパナックス・ジンセンである。パナックスとは「万能薬」の意であるという。珍重されたわけである。

中国最古の薬物学書『神農本草経《しんのうほんぞうきよう》』では「上品《じようほん》（上位）」に位置付けられ、「五臓の気を補い、精神を安らかにし、驚悸《きようき》を止め、邪気《じやき》を除き、目を明るくし、智《ち》を益し、久しく服用すれば身が軽くなり、寿命が延びる」という生薬《しようやく》として紹介されている。

現代においても、疲労倦怠や虚弱体質の改善。食欲不振や体重減少、下痢などの消化器症状の改善。体液の枯渇に伴う口渇や脱水症状の改善。脳機能の改善。精神状態の安定などに広く用いられているというから、この秘薬は永遠と思われる。

こんな秘薬を幕府のお墨付きで扱うのであるから、長崎屋の本業はしっかりしたものであったわけである。

オランダ船は蘭方医師《らんぽういし》の渇望して止まない薬物を毎年輸入する。それが長崎会所を経由して長崎屋にもたらされる。

サフラン、テリヤアカ、ウニコール、キナ〳〵、ヲクリカンキリ、バルサムコッパイハ、カナノール、ハアルレム油、阿仙薬、ミイラ、広東人参などなどと挙げていったらきりがない。

万能薬として、テリヤアカについて、杉田玄白は『的里亜加纂稿《てりあかさんこう》』を著し、前野良沢は『底野迦真方《ていやかしんぽう》』を著した。大槻玄沢の処女作『六物新志《ろくもつしんし》』で取り上げた「ウニコウル、サフラン、ニクズク、ミイラ、エブリコ、人魚」もすべてオランダ船が舶載してくる代表的な薬物である。

輸入品についてだけでなく、蘭方医家による製剤研究や代用薬の開発研究が見られ、江戸後期にはその名を冠した売薬が各地に現われるほど注目された。

これらはその一斑にすぎない。だから蘭方医で長崎屋を知らない者はいなかったであろう。

最新の医学情報

龍脳はボルネオショウノウともいわれ、芳香を持つ葉状または板状晶の白色固体である。古くから中国、ヨーロッパなどで種々の医薬品として珍重されてきた。薫香料としても有名で、墨の付香料ともされた。ラベンダーや柑橘系の香粧品としても用いられる。

高価な輸入龍脳よりもその後は安価な樟脳《しょうのう》が生産され、防虫剤・防臭剤・医薬などに使用されていったわけである。

長崎屋は明和年中（一七六四―七二）に和製龍脳売弘取次所も命ぜられた。

松前《まつまえ》藩や津軽《つがる》藩で作られた家伝薬「一粒金丹」には「膃肭臍《オットセイ》、阿芙蓉《あふよう》（アヘン）、龍脳、麝香《じゃこう》、朱砂《しゅしゃ》、原蚕蛾《げんさんが》」が調合されていたという。

『閨中紀聞枕文庫《けいちゅうきぶんまくらぶんこ》』のなかに見える「紅毛《おらんだ》長命丸之製法」には「丁字《ちょうじ》、阿片《あへん》、蟾蘇《せんそ》、紫樟花《ししょうか》、龍脳、麝香」が調合されていたと記されている。

このように龍脳の使用が普及していったということであれば、長崎屋の小売店部門もずいぶん繁昌し、成長していったことと察せられる。

「唐人参座」という名称からは、輸入薬を扱う問屋の代表のイメージを受ける。「和製龍脳」の名称からは、高価な輸入薬にかわる代用薬の開発が進んだ成果がいよいよ現われてきたか、というイメージを受ける。

杉田玄白が『蘭学事始《らんがくことはじめ》』のなかで「こなたに無き所の薬品多ければ、代薬がちなるを以て病者を取扱し」と明記していたことであった。したがって、蘭方医の仕事は高価な輸入薬にかわる代薬の発見、開発にあったということができる。

「明和年間」というところが蘭学創始の時期とオーバーラップしていて注目される。長崎屋には輸入薬や代薬を買い求めるために蘭方医師たちも、庶民も、足を運んだことがわかる。

長崎屋の二階座敷に集った蘭方医・蘭学者たちは、オランダ人医師から、蘭方医を副業とする阿蘭陀通詞から、最新の医学情報、薬物知識を吸収しようと努めたのである。

飛び交う情報のなかで

長崎屋の出入り商人

古来、ところを選ばず「旅」につきものは、名物の飲食、名所・旧跡の見物、珍しい土産品の入手で、これらを「旅」の三要素といってもよい。カピタン一行と警固の日本人一行、どうしたか。

キリスト教国の人カピタンと随員が、市中へ勝手に出歩くことは許されない。したがって、名物の食べ歩きはできない。名所・旧跡の見物も許されない。

せめて珍しい日本の土産品だけは手に入れたい。しかしこれも勝手に買い物に出ることは許されない。となると、日本人商人から長崎屋逗留中のオランダ人に対して、売り込みに来てもらわなければならない。

かといってどっと押しかけられたら入りきれず、応対しきれない。目が届かなくなり、管理できない。

そこで結局、阿蘭陀宿《オランダやど》長崎屋に比較的近い範囲でオランダ人の求めに応ずる商人が決っていった。江戸の「長崎屋定式出入り商人」と呼ばれる商人で、京の阿蘭陀宿海老屋《えびや》の「定式出入り商人」三十六軒と同じことである。おそらく大坂などにもあったことと思われる。

嘉永《かえい》三年（一八五〇）の場合を見てみよう。この年、カピタン一行を迎えるに当たり、長崎屋源右衛門は付き添って東上して来た江戸番大通詞《おおつうじ》の小川慶右衛門と同小《こ》通詞の岩瀬弥七郎の三人連名で、付き添い検使の水野鉉太夫に宛てて二十七名の商人の屋号と名前を職種と住所も添えて一覧表にし、「滞留中、誂物《あつらえもの》等」をするので「是までの通り、長崎屋源右衛門方の門出入り」の許可を願い出ている。

検使水野鉉太夫からあらためて町奉行に対して許可願いが出され、許可が得られると、長崎屋に詰め切りで警固に当たる普請役《ふしんやく》から二十七人の商人に対して長崎屋の門出入りの「鑑札」が手交され、町方の担当「掛中」へも通知されたものである。

定式出入り商人リスト

オランダ人の求めた品々、定式出入り商人として指定された範囲を窺い知ることができるのでリストを掲げてみる。

覚

献上物台屋	本石町壱丁目清蔵店	台屋利兵衛	外ニ手代壱人
献上物仕立屋	堀江町三丁目七蔵店	仕立屋甚兵衛	外ニ手代五人
呉服物	駿河町家持	越後屋八郎兵衛	外ニ手代伝三郎 清十郎
呉服物	通新石町家持	大和屋甚兵衛	外ニ手代常蔵
錦絵熨《の》斗《し》紙類	小伝馬町三丁目弥兵衛店	萩原屋作助	
拵屋《こしらえや》	神田富松町新蔵店	中田屋勘五郎	
印籠類	呉服町豊蔵店	綛《かせ》屋友吉	
喜《き》世《せ》留《る》類	神田鍛冶町弐丁目勘兵衛店	中村屋文六	
袋物類	平川町壱丁目代地安次郎店	安野屋重兵衛	
乗物類	神田小柳町弐丁目嘉吉店	乗物屋吉右衛門	
鍋釜紙類	新和泉町儀兵衛店	大和屋惣兵衛	

楊枝歯磨麻苧《あさお》類	神田鍛冶町壱丁目家主	丁字屋喜左衛門
傘《からかさ》 雪踏《せった》類	同所壱丁目新七店	伊勢屋平兵衛
金物類	南鍛冶町弐丁目家主	堺屋庄兵衛　代　栄次郎
木櫛類	本石町三丁目新七店	冨士屋弥吉
糸物類	三河町三丁目太郎兵衛店	亀屋伊助
古着類	神田小柳町三丁目種平店	大坂屋金兵衛
印判類	通弐丁目新道常右衛門店	印判屋嘉助
傘雪踏類	堀留町壱町目平次郎店	大黒屋吉五郎
刷毛類塗笠 挑灯《ちょうちん》類	小伝馬町壱丁目家主	福見屋半五郎
足袋類	下谷上野大門前家主	丸屋藤右衛門
塗物類	神田紺屋町壱丁目七兵衛店	高橋屋善兵衛
桐油《とうゆ》類	本石町三丁目新七店	合羽屋弥兵衛
猪口盃	芝宇田川丁平蔵店	冨士屋勘右衛門
煙管《きせる》幷袋物類	小伝馬町三丁目家主	伊勢屋弥兵衛
団扇《うちわ》類	堀江町壱丁目五人組持店	湯波屋久兵衛

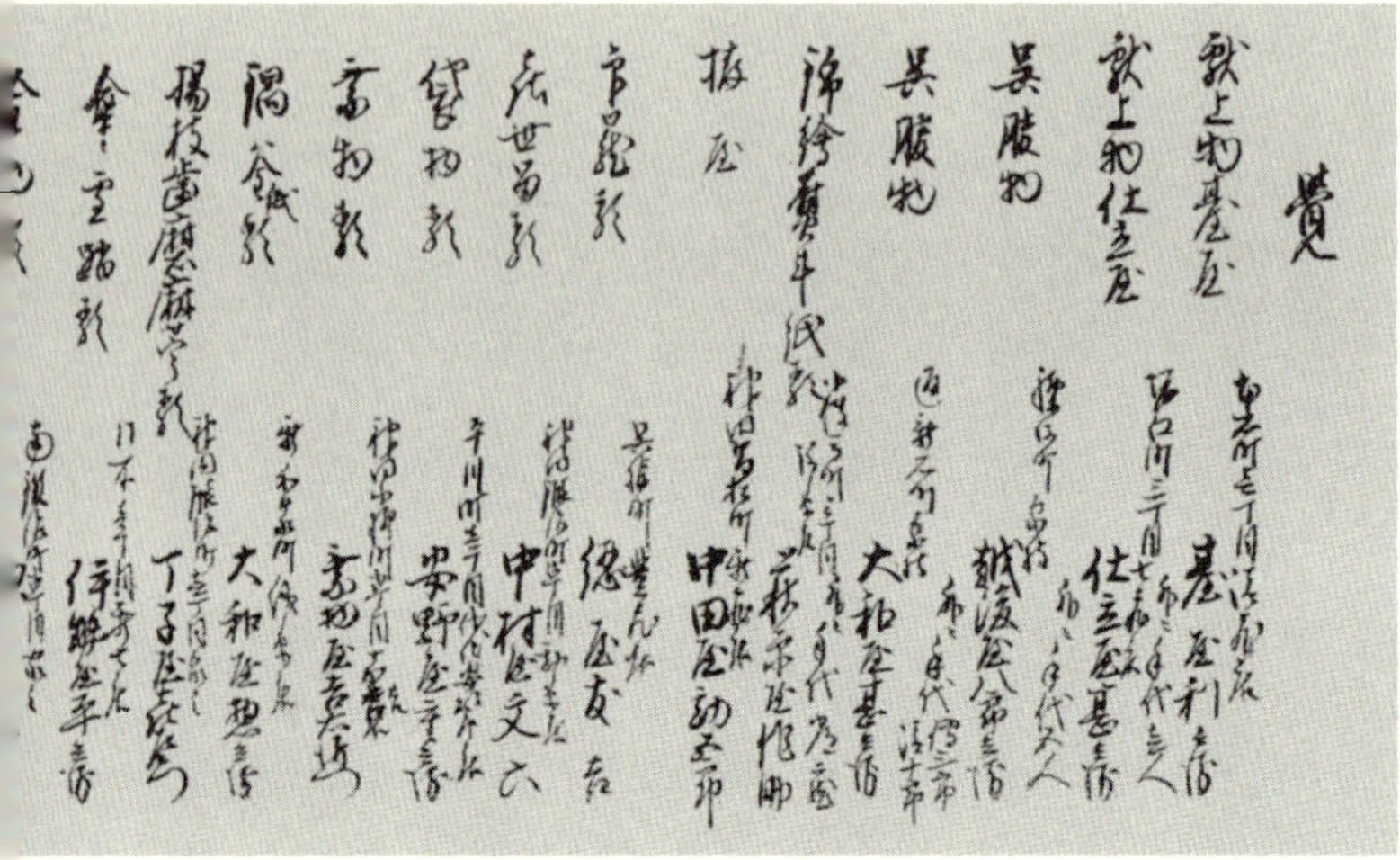

図20　定式出入り商人リスト（『参府之阿蘭陀人逗留中出役致候節書留』より，早稲田大学図書館所蔵）

桐火鉢類　日本橋万町善兵衛店
　　　　　　　伊勢屋亀次郎

リストからわかることは、商人の職種、所在場所、屋号と名前である。長崎屋のある本石町を中心にして、日本橋、神田、下谷《したや》、芝あたりといった比較的近い範囲から選定されていることがわかる。

職種としては、食料品・魚野菜などの生物《なまもの》・菓子類を除く呉服物、金物、食器、喫煙具、文房具、日常生活用具・道具などである。

筆頭の台屋利兵衛は献上物を載せる台を、そのつど注文によって造って納めたことがわかる。江戸城の大広間でカピタンが拝礼の際、献上物が台屋の造った白

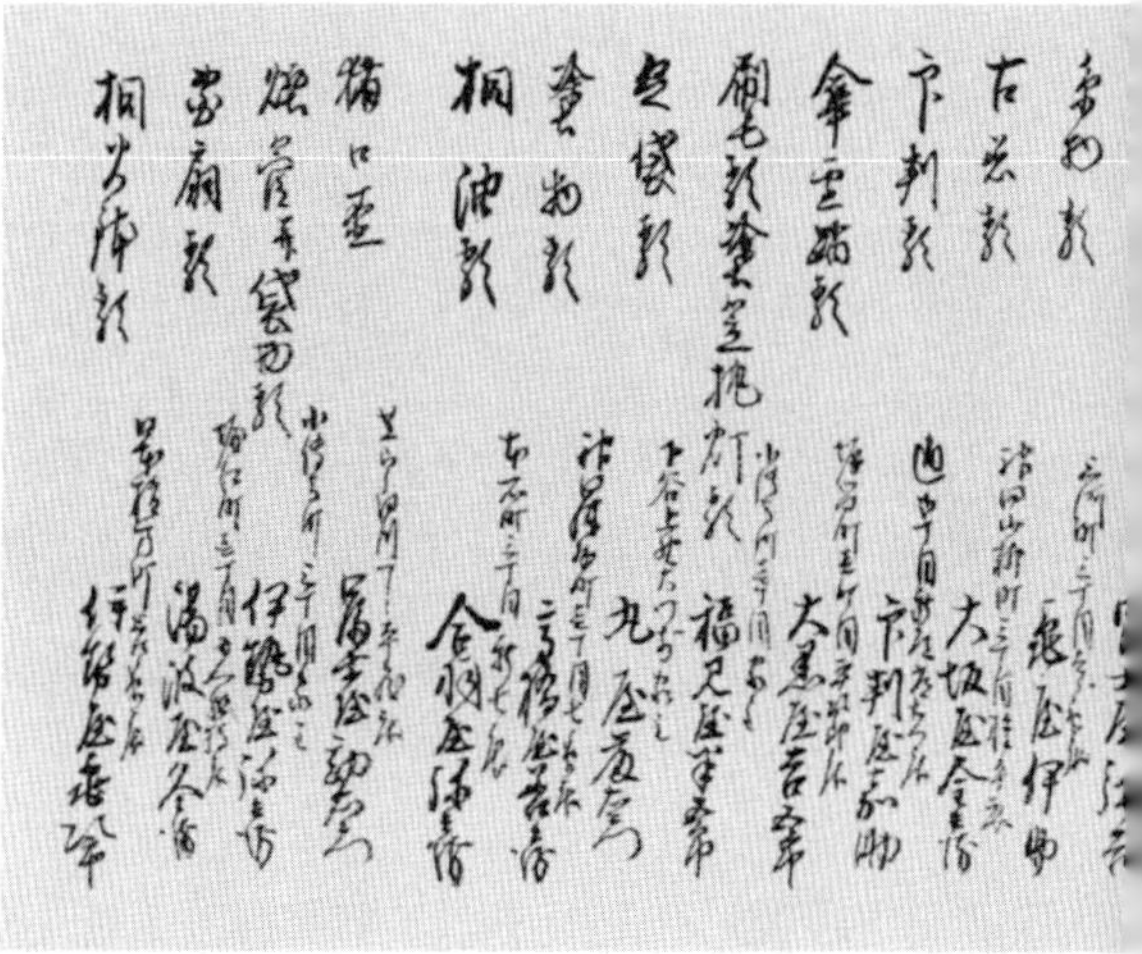

木の台の上に並べられ、披露されたことがわかる。

仕立屋甚兵衛は献上物の主体をなしている布類を点検、調整、準備した。

呉服物を扱った越後屋については、別項で触れる。

錦絵《にしきえ》、熨斗《のし》紙、印籠《いんろう》、キセル、櫛《くし》、印判、団扇《うちわ》などは、その装飾やでき具合いがいかにも日本美を示す品として、土産品として好まれた。

袋物《ふくろもの》、鍋釜、楊枝《ようじ》、歯磨、麻苧、傘、雪踏《せった》、刷毛《はけ》、塗笠《ぬりかさ》、挑灯《ちょうちん》、足袋《たび》、塗物、桐油類、猪口《ちょこ》盃《さかずき》などは、金物類、糸物類、古着類、足袋類などとともに、日本人の生活様式、生活文化を伝える具体的な品々として、加えて創造的美的感覚も伝わって、珍しく、また興味深く感じて求められたようである。

二十七軒の商人のうち、同業の者もある。業種によっては扱った品に重複も見られる。したがって、買い取られ、現在、ヨーロッパ各地に伝存している品々を右二十七軒に割り当ててみることは完全を期しがたい。が、ここではあえて、『シーボルト父子のみた日本』展の図録に見えている里帰りの品々を、右二十七軒の業種に大胆に割り振ってみよう。

里帰りの品々

呉服物―着物、陣羽織《じんばおり》、法被《はっぴ》、前掛《まえかけ》、裂地《きれじ》など。

錦絵・熨斗紙類―押絵《おしえ》、美人画、おいらん図、カルタ、智恵の板、各種紙見本、紙、懐紙《かいし》、絵具など。

印籠類―印籠、硯箱《すずりばこ》、硯、水滴《すいてき》、墨、文鎮《ぶんちん》、文箱《ふばこ》、筆立筒、矢立《やたて》、香炉《こうろ》、版木《はんぎ》など。

喜世留《キセル》類―キセル、たばこ入、キセル入、たばこ盆、寄木細工《よせぎざいく》、小抽出《こひきだ》し、小箱など。

袋物類―小物入れ、財布、状入れ、裂地など。

乗物類―籠《かご》など。

鍋・釜・紙類―鍋、釜、羽釜《はがま》、鉄瓶《てつびん》。

楊枝・歯磨・麻苧類―房楊枝《ふさようじ》、楊枝入れ、歯磨粉、薬歯磨、耳かき、絹糸、麻、染見本、桑の葉など。

傘・雪踏類―草履《ぞうり》、木履《ぼくり》、白足袋など。

金物類―包丁、式包丁、金箸、おろしがね、鍵、錠前、手燭《てしょく》、半挿金盥《はんぞうかなだらい》などなど。

木櫛類―櫛、笄《こうがい》、簪《かんざし》、かもじ下、寄木細工、鏡台鏡箱など。

糸物類―絹糸、糸巻、小箱など。

古着類―着物・羽織など。

印判類―型紙。

刷毛類・塗笠・挑灯類―漆《うるし》刷毛、漆べら、紅刷毛、蓋物《ふたもの》、香箱《こうばこ》、懐中《かいちゅう》紅つけ、燭台、
　おもちゃミニチュアなどなど。

足袋類―草履、白足袋、木履など。

塗物類―重箱、楊子入れ、箸箱、蓋物、お
　歯黒《はぐろ》道具箱、茶弁当などなど。

桐油類―各種の道具、農業用具、釣具など。

猪口・盃―猪口、盃、皿、徳利《とっくり》、銚子《ちょうし》、
　盃洗《はいせん》、酒器など。

団扇類―団扇、扇、など。

図21　シーボルト画像

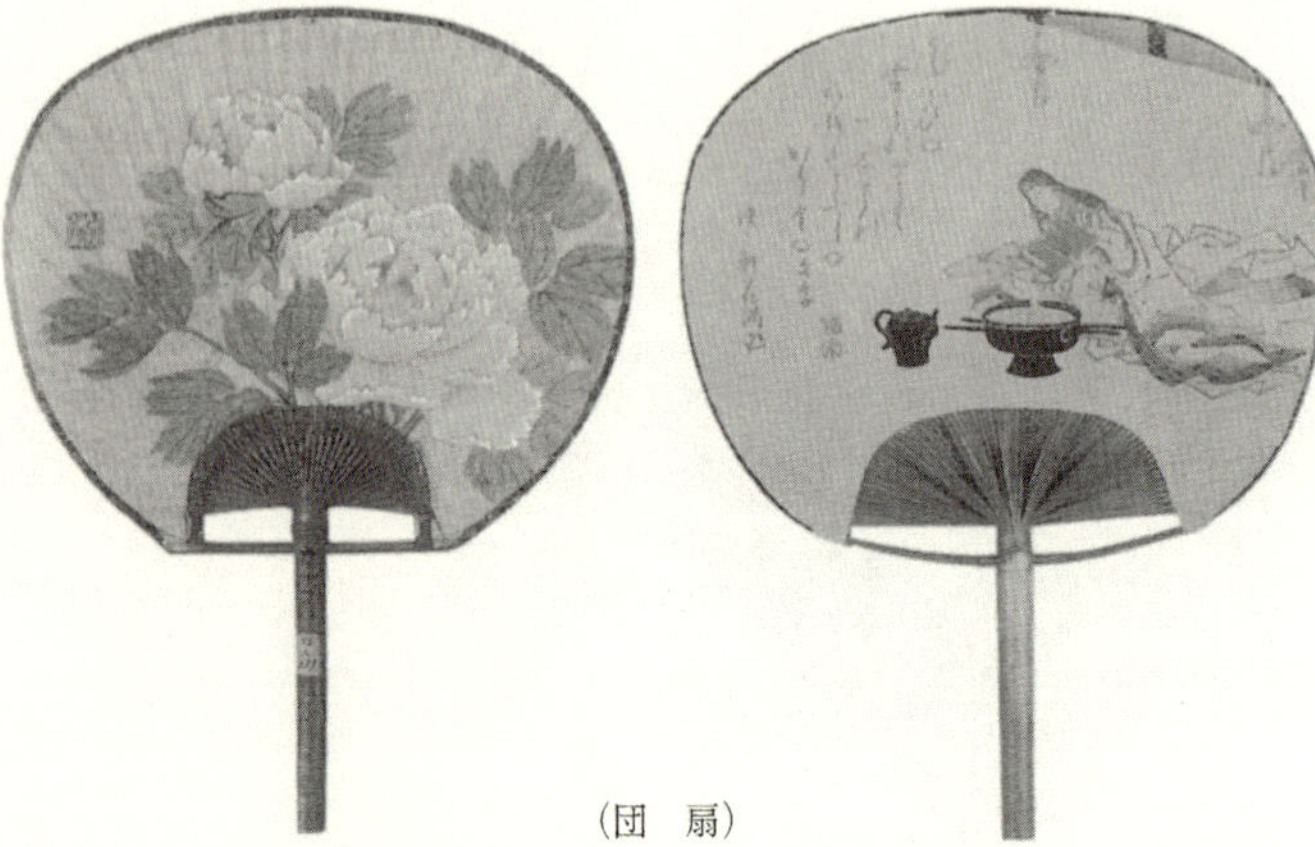

（団　扇）

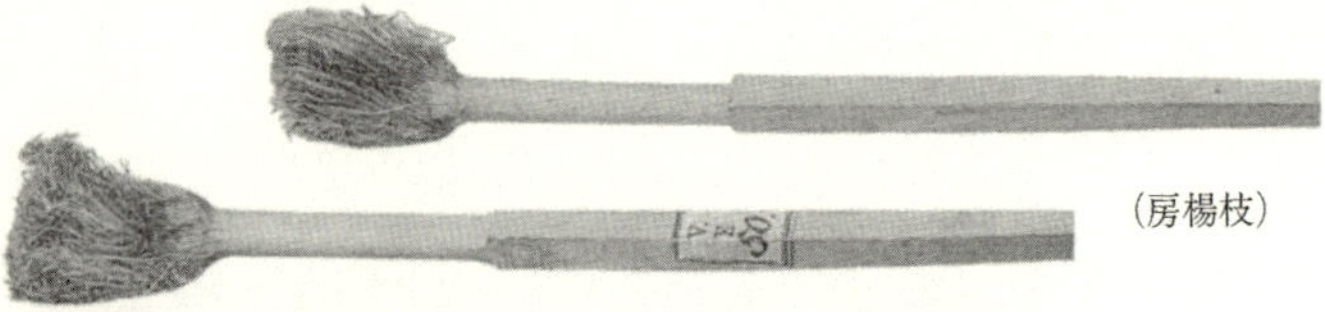

（房楊枝）

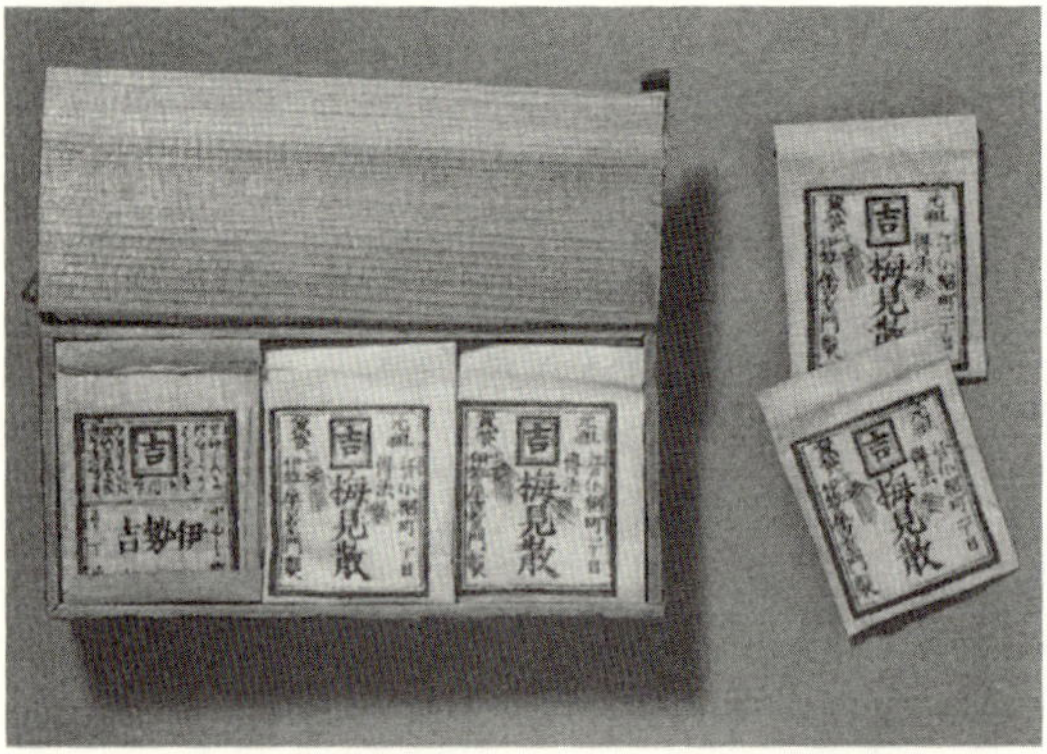

（歯磨粉「梅見散」）

図22　シーボルトの里帰り品

桐火鉢類—火入れ、炭斗《すみとり》、灯芯《とうしん》、ろうそく、香炉など。

このほか人形、こおりもち、海苔、ほしいい、寒天、鰹節、砥石《といし》、多宝塔、数珠《じゅず》、神像、仏像、大黒像などなどは、どんな部類に入っていたものか……。日本人の生活文化の万般にわたった収集といってても過言ではない。一人シーボルト・コレクションだけではない。ケンペルもツュンベリーも、テイッティングも、ドゥーフも、ブロムホフも、フィッセルも、レフィスゾーンも、と挙げていったらきりがない。海外にある日本コレクションはおびただしい数にのぼっている。

長崎屋定式出入り商人、京の海老屋定式出入り商人、大坂の長崎屋定式出入り商人の手を経て、鎖国時代、海外に持ち出された日本製品、まことにおびただしいものである。これらの品々の常として、製作者の個人名、扱った商人の個人名、年月日などわかるはずもなく、特定しようもない。

シーボルトが葛飾北斎などの絵を注文し、入手し得たのも、長崎屋が舞台であったであろう。長崎屋定式出入り商人の手を経由したものであったかもしれない。

カピタンが将軍と世子に「献上」する品、幕府高官に贈る「進物《しんもつ》」は、珍貴で珍奇な品でなければならない。端物（反物《たんもの》）類が主体をなしていたが、無瑕《むきず》で立派なものでなければならない。長崎からの長旅の間に瑕がついたり、雨や水に濡れたら、取り替えなければならない。

献上物と進物の残品

そこで万一の場合に備えて、余分に品物を江戸まで運ぶ。無事に済めばまったく余分な残品となる。往路一ヵ月、復路一ヵ月の長旅の旅費は莫大である。残品を持ち帰りたくはない。販売して帰路の旅費の一部に充当したい。

献上物と進物の残品を販売することが慣例となる。オランダ商館では予算に計上するほどになった。買い受ける日本側も期待する点が増大していった。

長年にわたって知りたいと思い続けてきたことがある。

① 毎回の「残品」はどのようにして販売されたか。

② 毎回の「献上物」や「進物」は、その後どのように使用されたものか。もしくは利用されたものか。その行方を知りたい。

③ 残品の販売先が進物の贈り先であった幕府高官と阿蘭陀宿であったことは、すでに知っていた。その先はどうなったものか、知り得ないできた。各家で使用された

ものか。もしくはほかに利用・活用されたものか。その行方を知りたい。

嘉永三年（一八五〇）の長崎屋「定式出入り商人」二十七軒を知ることができた。このなかに呉服物を扱う商人として、

駿河町家持　越後家八郎兵衛
通新石町家持　大和屋甚兵衛

の二軒の名を見ることは目を惹くことであった。

越後屋の史料

海老屋の定式出入り商人の筆頭にも挙がっている青貝屋《あおがい》の関係史料を以前から追究してきたこともあって、越後屋の文書に当たってみることとした。三井文庫に出向き、いろいろ検索してみた結果、はたせるかな注目すべき文書にめぐり合う好機を得た。文書の全文そのものはほかに紹介の機会を得たので、ここではその要点を拾って、問題解決の話をすすめてみよう（拙稿「カピタンの進物と残品を販売したのは誰か」『日本歴史』第六七〇号）。

三井文庫で読むことのできた史料は、「酉三月阿蘭陀人江戸表へ持参之毛類書付」（本一四九五―四六）と題する寛政元年（一七八九）の例である。

まず最初の項は、

一御老中御四人御側御用人
猩々《しょうじょう》緋《ひ》　七間宛
黒大羅《ら》紗《しゃ》　七間宛
萌黄《もえぎ》同　七間宛
花色同　七間宛
白同　弐間宛
黄同　五間宛
緋小羅紗　一端宛
黒萌黄花色之内羅脊板　弐端宛
遍留戸安　一端宛
新織奥嶋　三端宛
弐番皿紗　拾六反宛
〆五人分
右は御銘々様於御屋敷ニ御払物ニ相成申候、外ニ前文拾壱口御老中御明一ヶ所分不用ニ付、長崎屋源右衛門殿宅ニおゐて払物ニ出ルとある。したがって、老中四人・側用人一人の計五人に対して贈られた「進物」としての十一種の反物がそれぞれの数量、それぞれの「御屋敷」において「御払い物」になり、欠員の老中一人分も「不用」になって、「長崎屋源右衛門殿宅」において、それぞれ「払い物」になったというわけである。

　すなわち、カピタンからの「進物」が、それぞれそのまま売り物とされていることがわかる。それを引き受けたのが「長崎屋」であることも判明した。それにしても、欠員の老中分まで在任中の老中と同様に扱われている。すっかり慣習化していることが見て取れる。

　史料はさらに続けて、

　一御同人様方御調進之分として、

　　猩々緋　　弐間
　　紫　大　　弐間
　　萌黄大　　弐間半
　　赤　板　　一反
　　　長崎屋ニ而《て》払物ニ出ル

と記している。「御調進之分」とは、献上物・進物用に持ち運ばれてきた品々のうち、不

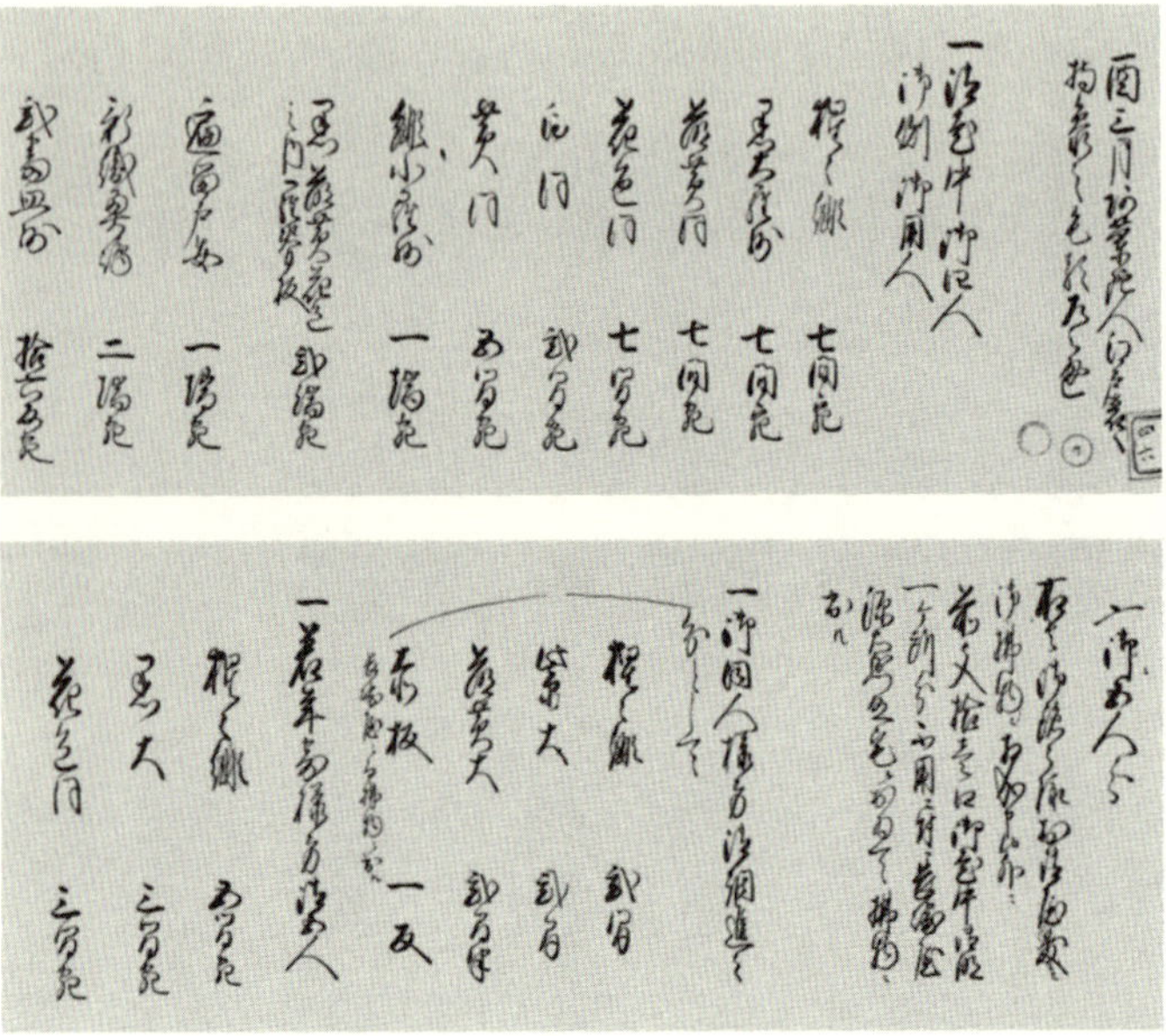

図23　進物残品の販売リスト（「酉三月阿蘭陀人江戸表へ持参之毛類書付」，三井文庫所蔵）

要となった残品から、前記の老中・側用人たちが、それぞれ四品ずつ、同数量、買い受けた品をさす。買い受けた品々が同数量ただちに「払い物」(売り物)にされて、さらにそれが長崎屋において「払い物」にされているわけである。各老中と側用人が調進物として買い請ける場合、その品々は長崎での売値の五割増で買い請けられる仕来《しきた》りであった。長崎屋に売り渡したときは買い値より高く売り渡したようだ。長崎屋は引き請けた買い値よりもっと高い値段で売りに出したようだ。

右に見た老中・側用人の場合と同じように、以下、若年寄五人と欠員二名分、寺社奉行四人と欠員二名分、長崎掛勘定奉行がそれぞれ「進物」として受け取った分と「御調進物」として買い受けた品をそれぞれ同品目・同数量、ただちに売りに出している。それらを引き受けて、売り払ったのも長崎屋である。

さらに長崎屋源右衛門が「例年」カピタンから貰っている品として、次の十品目の数量が書き上げられている。

猩々緋　七間
黒　大　七間
萌黄同　七間

花色同　七間
黄　同　五間
白　同　弐間
赤羅紗　一端
色羅脊板　三端
新織奥嶋　一反
弐番更紗　拾六反

「同人内之分」すなわち長崎屋源右衛門の家族分として、

猩々緋　弐間
紫　大　弐間
萌黄同　三間半
赤羅脊板　一端

の四品の数量も書き上げられ、続けて「同断」として八品の数量が書き上げられているのは長崎屋の使用人に贈られた分と見受けられる。

史料からわかること

結局、右の越後屋の史料によって判明した点を列挙すれば、次の通りである。

①　カピタンが江戸参府で献上・進物用に持参した毛類反物のうち、老中、側用人、若年寄、寺社奉行に贈られた「進物」が、それぞれの「御屋敷」において「御払物」になって売られた。長崎屋の手を経て、それを引き請けたのが越後屋であった。

②　カピタンからの残品販売を、老中、側用人、若年寄らが「御調進」すなわち買い請けている。その買い請け反物も、長崎屋の手を経、越後屋を通じて売り払われている。

③　欠員の「御老中御明一ヶ所分」に相当する反物は長崎屋にあって、その分も「払い物」とされた。それを引き請けたのは越後屋である。同様にして欠員若年寄二ヵ所、欠員寺社奉行二ヵ所の分も同じく越後屋によって引き請けられている。

④　長崎掛勘定奉行の「御買上之分」も長崎屋で「払い物」となった。それを引き請けたのも越後屋である。

⑤　長崎屋源右衛門とその「同人内之分」すなわち長崎屋の家族や使用人等がカピタ

ンから「貰」い受けた反物の販売も越後屋が引き請けている。

京の阿蘭陀宿《オランダやど》海老屋と大坂の阿蘭陀宿長崎屋に買い取らせた「お買わせ反物」がある。それら京・大坂の阿蘭陀宿分の反物類も実際は江戸の長崎屋に販売が委託され、売り上げ代金は「為替」で大坂の長崎屋（為川）へ送金され、京・大坂の阿蘭陀宿で折半されていた。これらの反物類も結局は越後屋によって引き請けられ、販売されていったことが判明する。

右の越後屋の文書は、末尾で将軍と世子への「献上物」については知り得ないといっている。しかし、幕府高官への「進物」とその「残品」については、その後の「販売経路」をよく伝えている。

江戸時代の朝鮮通信使《ちょうせんつうしんし》が十二回、琉球使節が十八回であったのに比して、カピタンの江戸参府の回数は桁違いに多い。制度化してからだけでも百六十六回の多きを数えている。毎回、越後屋から珍貴な「進物」とその「残品」が「販売」されていたわけである。それを中継ぎしたのが長崎屋であった。

オランダ船によって舶載された蛮品が、このようにして恒常的に大量に直接江戸の市中に販売されていたことが判明し、注目に値する。

カピタンと蘭学者たちとオランダ宿

オランダ文化のサロン

平賀源内と智恵の輪

明和《めいわ》六年（一七六九）の春。四国の高松から江戸に出て来た平賀源内《ひらがげんない》が長崎屋訪問の一人に加わっていた。

カピタン・カランス Jan Crans が戯れに金袋《かねぶくろ》を取り出し、この口をあけることができた人にさしあげる、という。

一座の客は次々に廻していろいろ工夫してみたが、だれもあけることができない。ついに末座にいた源内の番になった。源内は手にとって、しばらく考えていたが、たちまち口をあけてみせた。その席にいた人びとはいうまでもなくカランスもその才のするどさに感心、ただちにその袋を源内に与えた。源内とカランスの親交がここから始まった。

平賀源内のマルチ人間振りの得意顔が目に見えるようだ。それよりも「智恵の輪」を廻して試《ため》し見る、長崎屋の座敷の客人たちが賑やかに談笑する風景が見えてくる。これぞ長崎屋サロンの一景といわずして、何といおうか。

青木昆陽と蘭書

「サツマイモ先生」と呼ばれた儒者の青木昆陽《あおきこんよう》。大岡越前守忠相《ただすけ》に提出した『蕃薯考《ばんしょこう》』が、やがて将軍徳川吉宗《よしむね》の嘉納するところとなった。昆陽が御目見医師の野呂元丈《のろげんじょう》とともにオランダ文字学習の命を受けたのは元文《げんぶん》五年（一七四〇）のこと。寛延《かんえん》二年（一七四九）から宝暦《ほうれき》八年（一七五八）まで十年間、毎春、長崎屋に滞在したオランダ人について、阿蘭陀通詞《オランダつうじ》を介してオランダ語の単語とその訳を聞き書きする作業を続け、まとめあげた成果が『和蘭文訳《オランダぶんやく》』全十集である。

原書はオランダの教科書、ハッカホールドという人の著した文法書。原書と昆陽の『和蘭文訳』を比較してみると、原書が第二章で音節の説明をするために挙げた例語、全千二百六語の単語が訳出されてできた蘭日単語集であることが判明した。

したがって、江戸の学者がはじめて学習したオランダ語の本としては思いのほか組織だったものとなっている。同時に、当時の日本の社会ではあまり耳にしない言葉の混入している疑問も解消した。

図24　青木昆陽画像（早稲田大学図書館所蔵）

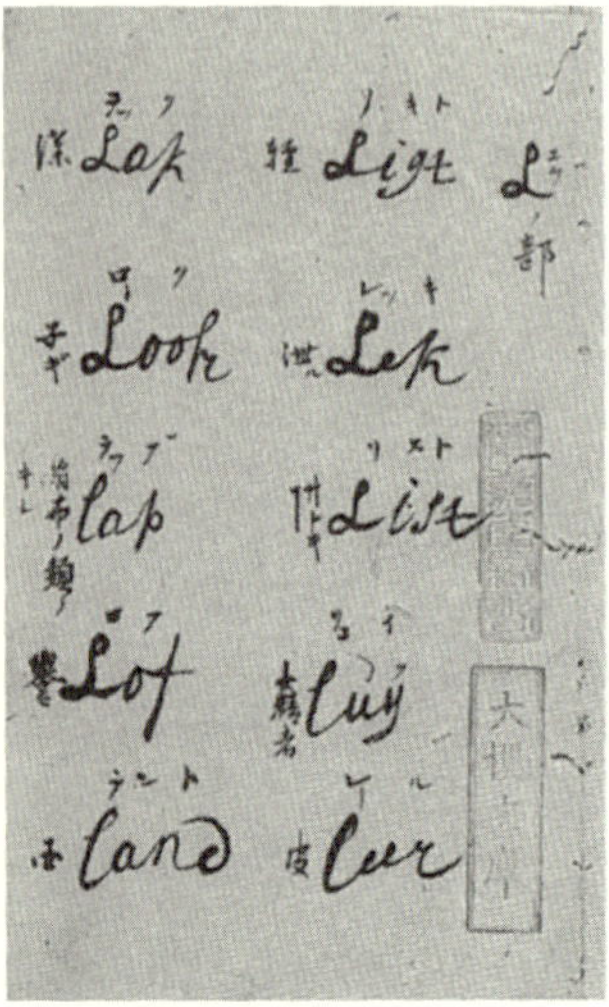

図25　『和蘭文訳』（静嘉堂文庫所蔵）

カピタンをはじめとするオランダ人と、阿蘭陀通詞と、青木昆陽が真剣に取り組んだ蘭日単語集作成の風景は、長崎屋のサロンがその日ばかりは立派な教室とも研究室ともいい得る部屋に変身していたことを語り伝えている。

杉田玄白と『蘭学事始』

豊前中津藩の医師前野《まえの》良沢《りょうたく》が、越前小浜《おばま》藩の医師杉田玄白をさそって長崎屋を訪問したのは明和三年（一七六六）の春。カピタンに付き添って東上して来た大通詞の西善三郎に対する質問は、江戸でオランダ語の学習が可能かどうかということだった。

西の諫《いさめ》にしたがってあっさりオラン

ダ語の学習を断念したのが杉田玄白。心の裡《うち》で断然諦めなかったのが前野良沢。良沢はやがて、オランダ語修得のために長崎へ遊学。

二人の巨匠の人生航路が大きく分かれるきっかけとなった舞台が、長崎屋の座敷であった。

小浜藩の中川淳庵《なかがわじゅんあん》、明和八年（一七七二）の春、長崎屋を訪問してみると、『ターヘル・アナトミア』と『カスパリュス・アナトミア』という「身体内景説（人体解剖の図解書）」を二冊取り出し、「希望する人があれば、ゆずりましょう」というのがいるといって持ち帰り、同僚の杉田玄白に見せた。

解剖図の魅力に取り憑かれた玄白、購入方を藩の重役に願い出る。重役は「役立つもの」なら買う、という。役立たないものは買ってもらえない。あたりまえのことである。資力もオランダ語学力もない玄白が、人生一大決断を迫られた。当てもないのに「用立つものにしてみせます」と、キッパリいってしまった。やってみて、できませんでした、ではすまされない。玄白〝馘《くび》〟をかけた決断だった。

その年の三月三日の夕方、町奉行所からの〝観臓〟許可の報《しらせ》が長崎屋に会集している玄白らに入った。急ぎ同志の面々に〝明朝、浅草三谷町出口の茶店〟で出合う通知を走らせ

図26　杉田玄白画像（早稲田大学図書館所蔵）

る。

明けて四日、小塚原《こづかっぱら》の刑場で腑《ふ》分《わ》けに立ち合ってみた前野良沢・杉田玄白・中川淳庵たち、オランダ解剖書が図示する正確さに驚嘆。漢方書と蘭方書の示す人体構造図の相異する長年の疑問、ここに氷解。帰路、〝矢も楯もたまらず〟オランダ語の読めない玄白が〝ターヘル・アナトミア〟の会読・決意を提案。このとき、あの〝馘〟をかけた決断のことが、頭をよぎらなかったといえば、うそになろう。

さらに翌三月五日、鉄砲洲《てっぽうず》の中津藩邸内前野良沢宿所で開始された『ターヘル・アナト

図27 『ターヘル・アナトミア』（日本医学文化保存会所蔵）

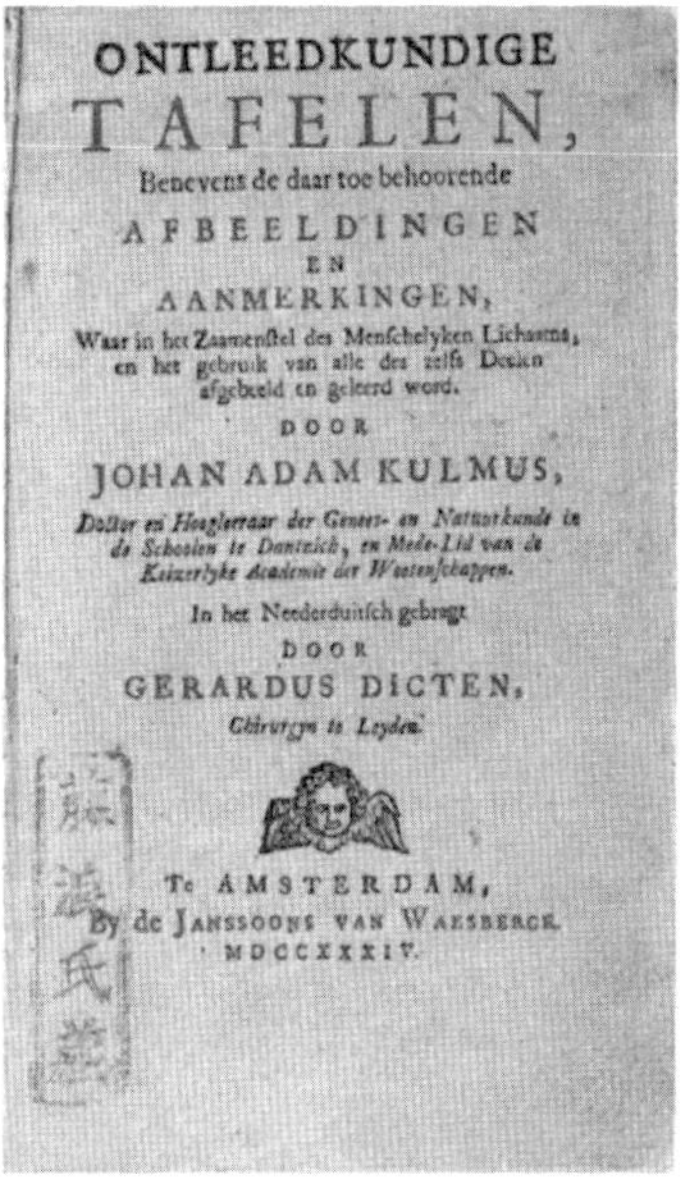

ONTLEEDKUNDIGE
TAFELEN,
Benevens de daar toe behoorende
AFBEELDINGEN
EN
AANMERKINGEN,
Waar in het Zaamenstel des Menschelyken Lichaams, en het gebruik van alle des zelfs Deelen afgebeeld en geleerd word.
DOOR
JOHAN ADAM KULMUS,
Doctor en Hoogleeraar der Genees- en Natuurkunde in de Schoolen te Dantzich, en Mede-Lid van de Keizerlyke Academie der Weetenschappen.
In het Neederduitsch gebragt
DOOR
GERARDUS DICTEN,
Chirurgyn te Leyden.
Te AMSTERDAM,
By de JANSSOONS VAN WAESBERGE.
MDCCXXXIV.

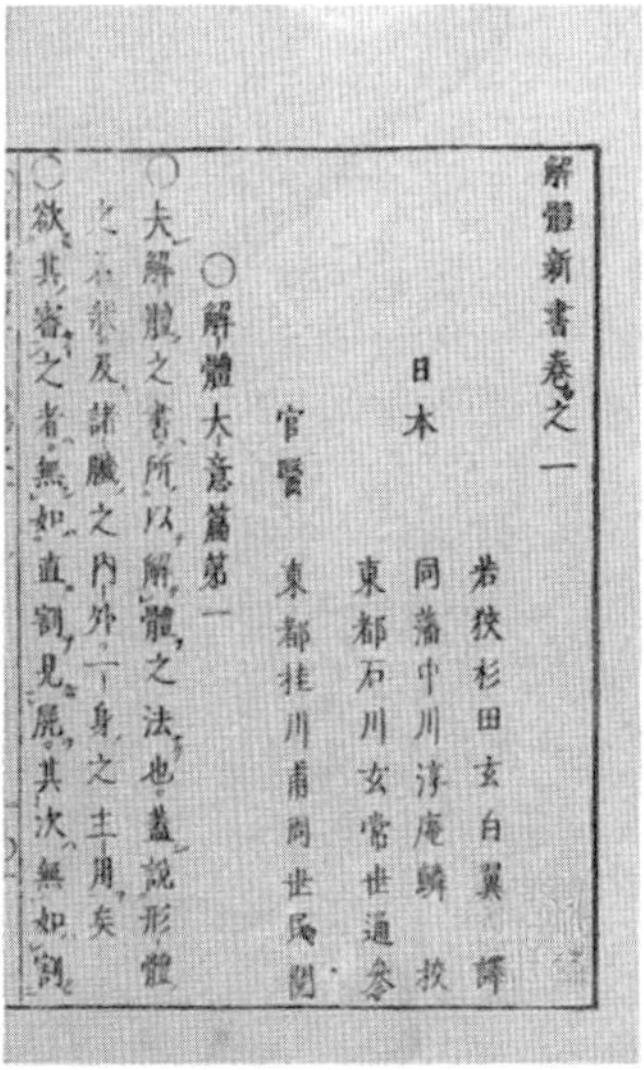

解體新書巻之一
日本　若狭　杉田玄白翼　譯
同藩　中川淳庵鱗　校
東都　石川玄常世通　參
官醫　東都　桂川甫周世民　閲
○解體大意篇第一
○夫解體之書所以解體之法也蓋說形體之名稱及諸臟之內外上下身之主用矣
○欲其審之者無如直割見屍其次無如割

図28 『解体新書』（静嘉堂文庫所蔵）

ミア』会読が、心血を注ぐ難事業であったことは、晩年、玄白が『蘭学事始《らんがくことはじめ》』のなかで、
先《ま》づ、彼《か》のターヘル・アナトミイの書に打向ひしに、誠に艫舵《ろかじ》なき船の大海に乗出《のりいだ》せしが如く、茫洋《ぼうよう》として寄るべきかたなく、ただあきれにあきれて居たるまでなり
と、その苦心をいきいきと伝えている。長崎屋訪問の頻度が増していった。
オランダの解剖書『ターヘル・アナトミア』の会読、内容の確認、『解体新書《かいたいしんしょ》』の公刊が、実証主義科学の出発における〝金字塔〟として輝き続けている。その蔭に、その道程において、幾重にも、提供された長崎屋の〝場と機と〟が存在したことを想うとき、長崎屋サロンの重さと大きさが鮮明に見えてくる。

大槻玄沢の記録

前野良沢と杉田玄白の二師による期待を背に、長崎遊学から江戸に戻った仙台藩医の大槻玄沢《おおつきげんたく》、京橋に蘭学塾芝蘭堂《しらんどう》を開いて、江戸蘭学界における中心的存在に成長、期待に応えた。

その江戸詰め仙台藩蘭方医師大槻玄沢が、長崎屋訪問・蘭人対談を繰り返し、持ち前の筆まめさで克明な記録を遺している。題して『西賓対晤《せいひんたいご》』という。

内容は六回におよぶ訪問・対談記事。会場はいうまでもなく長崎屋の二階座敷。
一、甲寅来貢西客対話（寛政六年）

二、戊午来貢蘭客通弁（寛政十年）
三、壬戌来貢三回対談（享和二年）
四、文化丙寅蘭人対談記（文化三年）
五、庚午西賓対話記（文化七年）
六、甲戌春対話記（文化十一年）

毎回の会談日と対談者の名前を挙げてみよう。

第一回（寛政六年）

一日目、五月四日、申《さる》ノ刻（午後三時―五時）から、長崎屋二階座敷

長崎奉行所の上検使と下検使立合い。

小通詞今村金兵衛通弁。

商館長（カピタン）ヘースベルト・ヘミイ

筆者頭（書記）レオポルド・ウイルレム・ラス

医官、アンブロシウス・ローデウェイク・ベルンハルド・ケイレル

官医、栗本瑞見、桂川甫周、桂川甫謙、渋江長伯

随行者、森島甫斎、宇田川玄随、大槻玄沢、計七人

二日目、五月五日　申刻過ぎから対談始る。
　栗本瑞見、佐藤有仙、桂川甫周、一橋医官石川玄常とその息玄徳、大槻玄沢、大
　通詞加福安次郎通弁。

第二回（寛政十年）

一日目、三月二十五日、午後ヨリ
長崎屋、奥二階、西賓旅寓ノ坐舗
上検使・下検使立合い。
小通詞本木庄左衛門
カピタン　ヘースベルト・ヘムミイ
書役頭（書記）レオポルド・ウイルレム・ラス
ドクトル（医師）ヘルマン・レッツケ
日本人医師団、桂川甫周、桂川甫謙、土岐寛庵、堀本好益、松延玄之、鈴木祐甫、
大槻玄沢、杉田伯元

三回目（享和二年）

一日目、三月四日、九ツ半時（午後一時）

石町旅宿長崎屋
検使
小通詞横山勝之丞
カピタン　ウィルレム・ワルデナール
書役頭（書記）マールテン・マック
ドクトル（医師）ヘルマニュス・レッケ
吉田快庵法眼、杉浦玄徳法眼、桂川甫周法眼、桂川甫謙、尾州の某、水戸松延玄之、津山侯医師宇田川玄真、浜田侯外科岡田甫説、佐伯侯外科知神甫仙、大槻玄沢、計十人

第四回（文化三年）
一日目、三月二十一日、四ツ半時（午前十一時）
両国旅宿　河内屋半次郎方（長崎屋類焼により）
大小検使
小通詞今村才右衛門通弁
カピタン　ヘンドリク・ドゥーフ

図29　大槻玄沢画像（早稲田大学図書館所蔵）

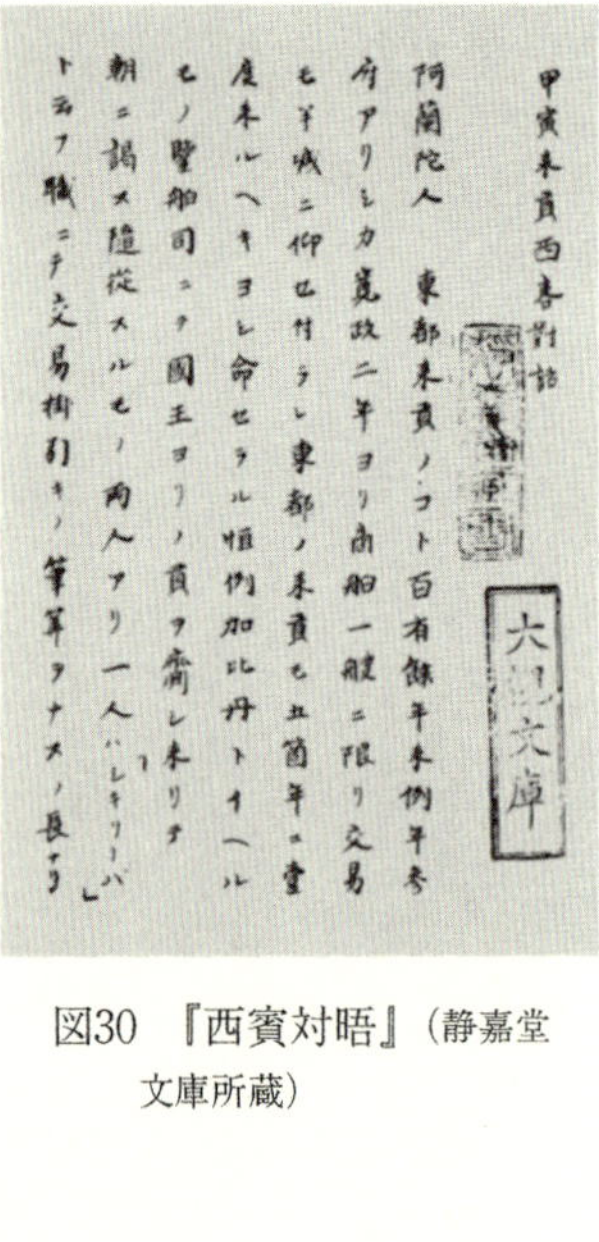

甲寅来貢西賓對話

阿蘭陀人　東都来貢ノコト百有餘年来例年参府アリシカ寛政二年ヨリ商船一艘ニ限リ交易モ半減ニ仰セ付ラレ東都ノ来貢モ五箇年ニ壹度来ルヘキヨシ命セラル恒例加比丹トイヘルモノ舶司ニテ國王ヨリノ貢ヲ齎シ来リテ朝ニ謁ス随従スルモノ両人アリ一人ハレキツーバトヱフ職ニテ交易掛引キノ筆算ヲナスノ長ナリ

大槻文庫

図30　『西賓対語』（静嘉堂文庫所蔵）

役人　ディルク・ホゼマン
外科　ヨハンネス・フェイルケ
大槻玄沢、大槻玄幹

第五回（文化七年）
一日目、三月十七日、八ツ時過（午後二時）
長崎屋
大小検使
小通詞馬場為八郎
カピタン　ヘンドリク・ドゥーフ
書記　ディルク・ホゼマン
医師　ヤン・フレデリク・フェイルケ（病欠）
大槻玄沢、大槻玄幹、杉田伯元、杉田立卿

第六回（文化十一年）
一日目・三月
長崎屋

大小検使
天文台詰通詞　馬場佐十郎通弁
カピタン　ヘンドリク・ドゥーフ
書記　ヤン・ピーテル・ポヘット
医師　ヤン・フレデリク・フェイルケ
　大槻玄沢、宇田川玄真

第一回目記事の冒頭に長崎屋訪問・対談手続きの詳しい説明が見える。

カピタンらオランダ人の一行と対談や質問のできるのは幕府に仕える官医のみで、諸藩に仕える陪臣の医員たちはこれに参会する資格を持っていないものとしている。

そこで官医の桂川《かつらがわ》甫《ほ》周《しゅう》から「蛮学同学之者」ということで「願書」が提出され、幕府からの許可、各人所属の藩庁の許可、在府長崎奉行の許可や承認を得たうえで、長崎屋訪問が実現できたのである。

長崎屋では長崎奉行所から一行の総責任者として派遣される検使の立合いのもと、主として江戸番小通詞《こつうじ》の通弁を介して対談が行われたことがわかる。

オランダ医官と試みられた医療や医書などについての質問に対する答弁などは、両者の意思が十分に通じ合わないことが多くあったようで、何ともどかしさの残るもののようであった。

オランダの医書や器具を見せてもらったり、横文字で揮毫《きごう》してもらったり、プレゼントの交換ができたり、またとない機会ではあった。が、「厳命ヲ奉シ、殊方ノ異客ニ応接ヲ許サレ、素《そ》業《ぎょう》ノ疑問ニ及《および》シコト、其ノ益、不益ハ姑《しばら》ク論セス、我道ノ面目ニシテ、本懐ノ至リ、感戴スルニ勝《た》ヘサルコトナリ」と、晴れがましい喜びを記し遺している。

長崎屋二階の奥座敷で繰り広げられた、緊張と、畏敬と、もどかしさ、親しさ、満足感、心残りのまじりあったサロンの雰囲気が、時空を超えて皮膚と心に突き刺さってくるようではないか。

大槻玄沢の長崎屋訪問は続き、オランダ人との対談や通詞に対する質問も繰り返し行われていたようだ。

文政元年（一八一八）、ヤン・コック・ブロムホフ Jan Cock Blomhoff が参府、長崎屋滞在の四月十二日の条には「大槻玄沢の訪問を受けた」と明記されている。

この年、ブロムホフ一行が滞在中に長崎屋を訪問した人びとの名前だけを列挙してみると、以下のような多彩な顔ぶれであった。オランダ名を持っている人の分は（　）内に記す。

将軍の医師桂川甫賢《ほけん》（ウィルヘルムス・ボタニクス）、豊前《ぶぜん》中津の領主奥平大膳太夫（昌高）の家臣神谷源内（ピーテル・ファン・デル・ストルプ）、江戸の菓子商伊勢屋七左衛門兵助（フレデリック・ファン・ヒュルペン・ファン・ヤパン）、天文台詰通詞馬場《ばば》佐《さ》十郎《じゅうろう》貞由、幕府の坊主頭、おそらく長崎掛組頭の河嶋円節《かわしまえんせつ》。数名の天文方役人たちとともに幕府の首席天文方高橋作左衛門景保《かげやす》（グロビウス）が。下総《しもうさ》国古河《こが》の領主土井《どい》大炊頭《おおいのかみ》利位《としつら》の家臣鷹見《たかみ》十郎左衛門（泉石《せんせき》）、小倉《こくら》の領主小笠原忠固《ただかた》の家臣一人・秘書官（家老）。三味線弾《しゃみせんひ》き一人を伴った勘定奉行曲淵甲斐守《まがりぶちかいのかみ》景露の家臣。長崎奉行筒井和泉守政憲の子息、長崎奉行金沢大蔵少輔の秘書官、紀州の領主の第一秘書官（家老）、元長崎奉行で松山（伊予《いよ》守直義）の子息、幕府の医師・領主の家臣、人妻たちや娘たちである。

文政五年（一八二二）に第二回目の参府滞在をしたブロムホフの場合には、ますます長崎屋の訪問客は増えていったようだ。

長崎在勤・江戸在府の両長崎奉行の家臣たち、薩摩の老侯と家臣、閣老水野出羽守忠成《ただあきら》の最高の家臣（家老）。幕府の医師と鍼医《はりい》たち若干名を従えた水戸の大領主徳川権中納言《ごんちゅうなごん》斉修《なりのぶ》の家臣。前記中津の奥平昌高（フレデリック・ヘンドリック）、犬山《いぬやま》の領主成瀬正寿《なるせまさなが》（ヨハネス・ヴィルヘルムス）、坊主頭（河嶋円節）。家臣と二、三名の医師を伴った松前の領主若狭守章広《わかさあきひろ》。天文方筆頭の息子と、語学教師すなわち彼の第一職員馬場佐十郎。平戸の領主松浦備前守熙《まつらびぜんのかみひろむ》。数名の医師や家臣をつれた下野宇都宮《しもつけうつのみや》の領主戸田日向守忠延《ひゅうがただのぶ》。紀州の家臣、幕府の医師や天文学者たち、うんざりするほどの雑多な訪問者と見物人、といった面々である。

シーボルトとの対話

文政九年（一八二六）、カピタン・スチュルレル Joan Willem de Sturler の参府に随行したシーボルト Philipp Franz von Siebold とビュルゲル Heinrich Bürger が長崎屋に滞在したことについては、シーボルトの『江戸参府紀行』によって多数の訪問者があったことを知ることができる。すでによく知られていることである。

それとは別に、ここでは大槻玄沢がシーボルトらと行なった対話の記録『丙戌春西賓来朝会話雑記《へいじゅつはるせいひんらいちょうかいわざつき》』を覗いてみたい。

大槻玄沢の著作『広参発蒙《こうさんはつもう》』（『蘭畹摘芳《らんえんてきほう》』四編巻五・六）には、文政九年、来貢の医官某に人参を示して質問したことが記されている。このときの医官某とはシーボルトにほかならない。

　もっと直接的な資料がある。大槻玄沢がシーボルトらと行なった対話の記録『丙戌春西賓来朝会話雑記』（一関市博物館蔵）がそれである。

　平成十九年（二〇〇七）十月二十六日、学芸員相馬美貴子氏のお世話で熟覧の機会に恵まれた。

　記載部分は八葉からなり、それに十一葉の小紙片がはりつけられている。小紙片のオランダ語筆跡は、スチュルレル、シーボルト、ビュルガー三者の

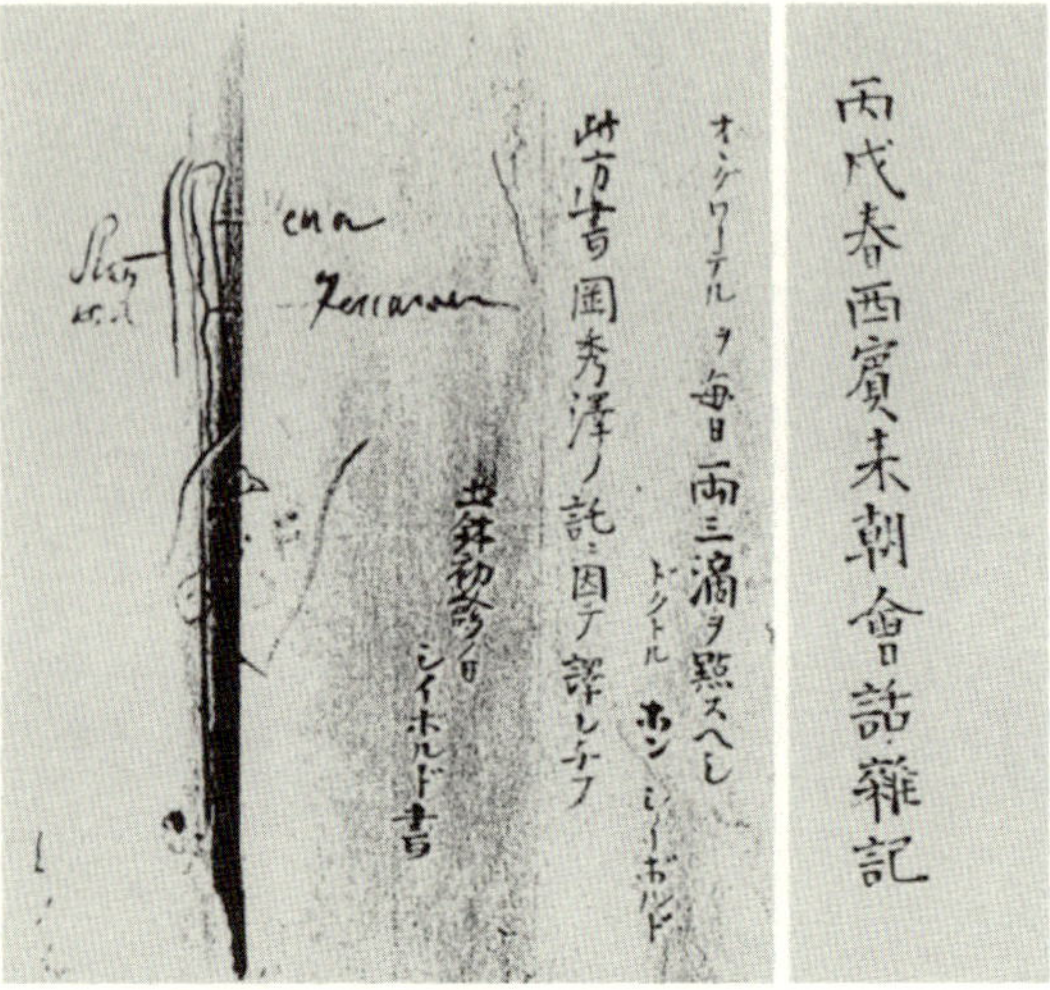

図31　『丙戌春西賓来朝会話雑記』
（一関市博物館所蔵）

筆と認められる。シーボルトが図入りで示した処方メモも見える。スチュルレルがインクで記入した部分も認められる。ビュルガーが書いてくれた太めの筆跡も認められる。玄沢が備忘のために追記したメモ書きとともに生々《なまなま》しい記録である。長崎屋の二階で、友好的

雰囲気のうちにも真剣な診察、教授の行われたことが見て取れる。山形敞一《しょういち》氏による医学記事の検討・紹介はあるものの（『日本医史学雑誌』第二十九巻第四号、昭和五十八年）、全文の解読はなされていない。「土岐鉢十郎殿膝膕《しっこく》病シイボルド処方」「松木源之丞処方」「平次郎眼病処方」などのほか、薬物の説明やスプレーキウヲールド（格言）を書いてもらっている。

鷹見泉石の日記

下総は古河《こが》藩（茨城県古河市）の江戸家老鷹見《たかみ》十郎左衛門忠常《ただつね》、のちの泉石《せんせき》は、ダップル Dapper というオランダ名まで持つ異国趣味旺盛な博交の士、蘭学知識をもって主君土井侯を守り立て、藩務、天下に挺身した謹直の士。

泉石の日記を見ると、文化十年閏十一月五日の条に、「退番より、上田旅宿石丁《こくちょう》長崎屋へ立寄、肴《さかな》一籠持参候処、唐画掛物壱貰《もらう》」とある。泉石が勤務の帰りがけに上田が旅宿している本石町三丁目の長崎屋へ肴一籠を手土産に立ち寄ったもので、唐画の掛物を一点貰って帰ったことがわかる。

上田とは、三日前の二日の条に、「長崎上田兎一郎出府之由」と見える人物で、続けて「昨日宅へ来候、土産、メリヤス・石筆・水入・硝子盃・平安散」とある。泉石とはすでに昵懇《じっこん》の間柄の人物らしく、江戸到着の翌日にさっそく泉石のもとを訪れ、長崎の地ならでは入手できないような珍しい器物や薬物を土産としている。泉石が五日の長崎屋訪問はその返礼の意味を含んでいたものと見受けられる。この年はオランダ商館長の江戸参府が行われない、いわゆる休年に当たっていたため、単にオランダ商館から将軍家への献上物がはるばる送り届けられて来た。上田兎一郎はこの献上物に付き添って東上して来た長崎の出府役人の一人であった。

次に、とんで文政十年三月九日の条を見ると、

七時頃より他行、黒江屋・小蘭田屋へ参《まいる》、長崎屋へ末永・岩瀬着ニ付参、末永より加福状・風説書三冊・痰切シコノープ二、吉雄《よしお》権之助よりスノイフトース二、吉雄忠次郎よりトース一到着、岩瀬より言語書一冊借来、夜ニ入長兵衛方へ参

とある。この年もオランダ商館長の江戸参府は休年で、献上物のみが届いた。阿蘭陀大通詞の末永甚左衛門と同じく小通詞の岩瀬弥十郎が付き添って東上した。一行の到着を知って、泉石は早速その定宿長崎屋へ出かけた。泉石が受け取った品々が興味深い。末永甚左衛門は、同僚の通詞加福某から言付けられた書状に加えて風説書三冊と痰切シコノープ二と、同じく通詞の吉雄《よしお》権之助と吉雄忠次郎兄弟から託された品々をもたらした。「スノイフトース」とはオランダ語で snuif doos と翻字できそうで、さすれば「嗅ぎタバコ入れの

図32　鷹見泉石画像
（渡辺崋山筆，東京国立博物館所蔵，国宝）

（銀製バスケット型嗅ぎタバコ入れ）

（真鍮製人物と唐草模様嗅ぎタバコ入れ）

図33　オランダ製嗅ぎタバコ入れ（たばこと塩の博物館所蔵）

箱」なることがわかる。同様「トース」もオランダ渡りの飾り箱といったものであろう。「痰切シコノープ」はにわかに断定できないが、おそらくは解咳剤ふうの薬物かと想像される。「風説書」は通詞末永がその職掌柄翻訳に携わった「阿蘭陀風説書」に相違なく、幕府がひときわその入手に力を入れていた最新の海外ニュースである。泉石は早くからこの種の海外情報の入手を、ひそかに、かつきわめて熱心にすすめていた。泉石と阿蘭陀通詞の間に交わされた書翰《しょかん》には、しばしば風説書の入手方依頼と、落掌の謝礼とに関する記事を見受ける。渡辺崋山《わたなべかざん》が持ち得た海外知識の一端は、泉石との親交から得た風説書の入手にもあったのである。

さて、日記の同三月十三日の条を見ると、この日、泉石は当番で勤務から離れることができなかったため、使いの者を前記末永・岩瀬両名のもとに遣わし「鮓《すし》一桶ツ、」を贈り届けたことが見える。おそらく九日の記事に見える好意に対する返礼として、通詞両名が宿泊先の長崎屋へ届けたものと考えられる。そして、折よく泉石に宛てた長崎の通詞楢《なら》林《ばやし》某からの書翰が岩瀬のもとに届いていたため、受け取って来てもらうことができたとある。四月四日には、泉石が末永・岩瀬を再訪したことが見え、八日の条にはこの両名が長崎への帰路につくに際して在長崎の相識の諸氏宛の書状を託すべく家来を末永・岩瀬のもとに走らせたことが見えている。

いずれにしても、泉石の長崎屋訪問の様子には、泉石が主君の要務を補佐する激務の間をぬって、おびただしい舶載の珍品を集め、蘭学知識を身につけ、江戸の蘭学界に確乎たる地歩を築き得た要因の一端が語り明かされているようである。

カピタンとの交流

シーボルトの江戸参府

文政《ぶんせい》九年三月四日（一八二六年四月十日）、この日、江戸参府《さんぷ》の一行を迎える長崎屋は、朝からごった返していた。例年にない一行の人数、予想をはるかに超えた荷物の到着が先触《さきぶ》れで予告されていたからである。

この年のカピタンはヨアン・ウィルレム・デ・ステュルレル Joan Willem de Sturler といって、オランダ商館の立派な正使であると。随員にはフィリップ・フランツ・フォン・シーボルト Phillipp Franz von Siebold という若い医師が、ことに外科的手術、眼科学、婦人科学、植物学、物理学、地理学に精通した立派な医官と書記官であると。この書記官は薬剤師で、じつはシーボルトの有力な助手ハインリッヒ・ビュルガー Heinrich Burger であった。

これに日本人随行者が加わった。日本人は長崎奉行所派遣の総責任者である検使の役人や江戸番の大・小通詞《つうじ》をはじめとして、総勢五十九人という規定であった。が、この年のシーボルトは巧妙にいろいろな人材を一行に含ませたため、総勢百七人の多人数にふくれあがっていたのである。

江戸参府の旅行中、付き添って行く江戸番通詞の役割はきわめて大きい。なにしろ日本語のできないオランダ人一行を鎖国日本の中を旅させるのであるから。この年の江戸番通詞は、シーボルトの門人を伴った大通詞の末永甚左衛門を中心に、岩瀬弥十郎・岩瀬弥七郎親子に加えて、名村八太郎が加わっていた。これら通詞グループはシーボルトに好意的に振舞った面々であったが、特にカピタン・スチュルレル付きの私用通詞として同行した名村八太郎は注目に値する。

シーボルトの記すところによれば、当時オランダ人たちと接していた日本人のうちでもっとも才能に恵まれ、練達した人のひとりであって、中国語やオランダ語もよくでき、お金のためには何でもやり、オランダ人たちの間で彼を雇ってやるとたいそう満足し、どんな仕事でもやってのけた、ということである。のち、末永甚左衛門に次いで江戸番小通詞岩瀬弥十郎、見習岩瀬弥七郎とともに「押込《おしこめ》」という同程度の刑を申し渡されているから、シーボルトに協力した点の大きかったことが察せられる。このように、表向きは商館長カピタンの私用通詞といっても、内実はシーボルトがよく使用することのできる通詞を同行させていたことがよくわかる。

通詞だけではない。調査補助として門人で医師の高良斎《こうりょうさい》、植物を乾かし、獣の皮を作ることなどのための弁之助・熊吉・園丁《えんてい》、三人の門人すなわち二宮敬作《にのみやけいさく》・ショーゲン・ケイタロウを通詞の従者という名目で加わらせていた。

シーボルトは助手の画家フィレネーヴ Carl Hubert de Villeneuve を同伴したかったのであるが、オランダ人の定員を超えるためできず、かわって写実的な洋風画法をよく仕込んだ画家の登与助こと川原慶賀《かわはらけいが》を同伴させ、現今のカラースライド写真機もしくはデジタルカメラの役目を果たさせ、おびただしい数の日本風景・動植物や事物を描かせることに成功しているのである。

このように内々の工作によってシーボルトは、協力を得られる人物をおよそ三十人近くも加わらせていたと察せられるのである。

大名行列にならって参府旅行は行われ、主たる要件の一つである将軍に対する「献上物」、幕府高官に対する「進物」は規定に従ったものであった。

工夫された携行品と進物類

しかしシーボルトは、「日本における万有学的調査の使命を帯びたる外科少佐ドクトル・フォン・シーボルト」と肩書きに明記して取り組んだ万有学的日本調査、すなわち科学的総合日本調査・研究が効果的に進められるために、このたびの参府の使節・随員が例年になく立派であることを示す必要から種々準備に工夫をこらした。要点を類別して挙げてみよう。

① 使節が立派であることを示すために、立派な食器類、立派な銀器、立派なガラス類を携帯した。

② 道中、主要なる宿泊地、小倉・下関・大坂・京・江戸の各宿において、会う機会のあった役人・学者・町人らを通じ調査・資料収集がスムーズにいくように、小型のフォルテピアノ eine kleinen Fortepiano をはじめとする種々の贅沢品と贈物をたくさん準備した。情報・資料の交換に役立てようとした。

③ 主として江戸において日本の学者と親交を深め、信用を増し、効果を発揮するた

めに、ガルバニー電気治療器、顕微鏡、外科手術用具、携帯用薬品をはじめとする各種の器具類を持参した。

④ 自分の研究・調査のため、各種の観測・計測器をたくさん持参した。

⑤ 通過する日本の各地をよりよく理解し、土産品を収集するために、道路地図と旅行案内書を事前に収集し、持参した。

こんなわけで、例年になく一行の荷物は、嵩《かさ》みに嵩んだのである。

一行の長崎屋到着は「正二時」であったとシーボルトは記している。このときから江戸出立の四月十二日（五月十八日）まで一ヵ月余り、長崎屋を舞台にして、シーボルトのきわめて意欲的な活動が展開する。

滞在延長作戦

江戸参府の所要日数は、平均九十日くらい、すなわち約三ヵ月である。ところが文政九年（一八二六）の場合は百四十三日間、すなわち五ヵ月に近い最長例となっている。特に注目されることは、阿蘭陀宿のある主要宿泊地における滞在日数が多いことである。すなわち、江戸滞在が中三十三日、京滞在（往路中六日・復路中五日）計中十一日、大坂滞在（往路中三日・復路中六日）計中九日、下関滞在（往路中七日・復路中一日）計中八日となっている。

通常、参府一行の江戸滞在は

筒袖にほたん掛して長崎屋

旅寝廿日にかきるかひたん

と詠まれている。通詞の江戸滞在中にこなす要務日程のマニュアル・ブックも「廿一日」間を示している。

「廿日」前後の滞在が規定であり、実状を示すものであったわけである。

ところがシーボルトの江戸滞在日数は、中三十三日、着・発日を入れれば三十五日となる。もっと滞在したかったようで、延長運動を展開したが認められなかった。おさえられても、通常よりは余程長期に長崎屋に滞在したのである。

一ヵ月を超えて、シーボルトは長崎屋に滞在、江戸の学者たちと親交を深め、情報の聴取、資料の交換、買い取り、対談、教授、診療に多忙な毎日を過した。

京・大坂・下関での滞在を合わせると約一ヵ月になる。江戸滞在と合わせ総計すると六十一日となる。前後の到着、出立日を入れれば七十五日となり、何と二ヵ月余りにも達する。

このような主要地における滞在日数の異常な多さは、事あるごとにシーボルトが滞在延長作戦を展開していたからである。

例えば、シーボルトが京都に滞在した際、往路において大津の問屋から伝奏衆《てんそうしゅう》の出立、特別の勅使《ちょくし》の出立と、混雑の報《し》らせがあるや、一行の出立を後回しにしたいと願い出て、京滞在の日は延ばされた。帰路において、カピタン・スチュルレルの捻挫《ねんざ》・歩行困難を申し立て、所司代と東・西の町奉行に対する御礼参上、廻勤の日が一日延ばしに延ばされた。確かにスチュルレルは四日市において捻挫、歩行に難儀の様子は見えたが、その後の歩行、ことに御礼参上、廻勤日にみえる京都市内・城中の歩行、寺社参詣、出立日の歩行の様子からして、訴え続けたほどとはとても見受けられない。シーボルトがカピタン・スチュルレルを通じて行なった滞在延長作戦と思わないわけにはいかない。

このように、主要都市における滞在日数の例外的な多さにも、シーボルトの異常なまでの意図的熱意を読み取ることができる。

その成果

参府旅行随行に際し、このような意気込みをもって人的・物的な準備と主要滞在地の定宿《じょうやど》を舞台にして展開された官憲や門弟、商人らに対する働きかけによって行ったシーボルトの日本万有学的研究はいかなる成果を収めたであろうか。

①　道中における観測・観察

山の高さ・形状、海の深さ、潮の流れ、温泉、天気・気温・気候の観測、検査からはじまって沿線住民の生業、ことに病気や職業、商業交通、通信制度、住居、服装、用具、食事・礼儀作法など。また言語、伝説、風俗、習慣や動・植物の棲息《せいそく》状態に至るまで、直接眼のあたりにして観察することができた。帰路、京・大坂など主要都市で名所見物や観劇の機会をも得た。

② 受贈品・買い取り品

門人や助手をはじめ同行の諸役人をも通じて、沿道や、やや離れたところからも動・植物を貰い受け、また買い取りもした。沿道各地の銘産の工芸品にも眼を向け、器物や書籍、書画を求めた。さらには「私は城番《じょうばん》の家来を買収して将軍の御殿のよい見取図を手に入れることに成功した」とシーボルトが自慢しているごとく、彼の収集の手は禁制品にまで及んでいったのである。

③ 面談聴取・編纂

門人や知人となった人びとに調査を依頼し、それらの人びとと面談の機会を得て情報や知識を受けることが多かった。例えば江戸の長崎屋で医師多数の訪問を受けて、医者の階位、技術の専門の部門による分け方、医師の状況一般について知ることがで

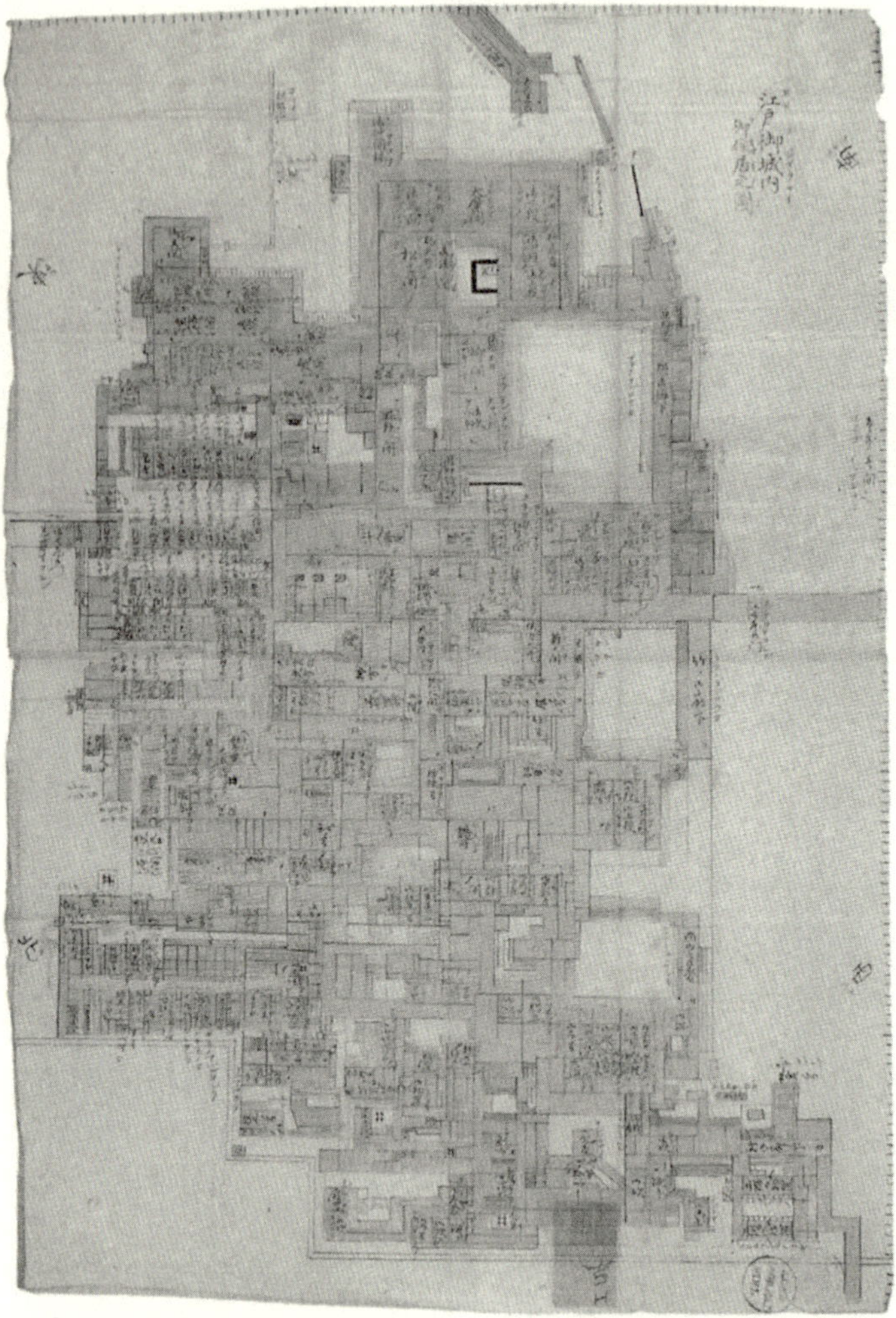

図34　「江戸御城内御住居之図」（文政９年，ライデン大学図書館所蔵）

きた。これはシーボルトが面談で得たさまざまな情報・知識を整理・再構成して日本の社会構成を組織的に理解しようと努める点がいかに強かったか、雑多な談話によく耳を傾け、分析し、再構成し得たかをよく示しているといえよう。また、毎日のように訪れて来る最上徳内《もがみとくない》から蝦夷地《えぞち》・樺太《からふと》のことについて信頼すべき学問上の知識を得ることができた。一緒にエゾ語の編纂《へんさん》をすることができたことなどは好例といえよう。

④　交換・貸与

江戸の長崎屋において、最上徳内から蝦夷の海と樺太島の路図が描いてある二枚の画布を貸してもらった。天文方《てんもんがた》高橋作左衛門からはクルーゼンステルンの地理書と交換に伊能忠敬《いのうただたか》の「大日本沿海輿地《よち》全図」を得ることができた。眼科の官医土生玄碩《はぶげんせき》からは開瞳剤《かいどうざい》を教えて葵の紋服を貰うことができた。これらは二、三の例にすぎず、大小の交換は数えきれず、記録に残らないものも多かったと考えられる。面談・交換の機会が、シーボルトの長崎帰着後も文物の通信・交換に発展していったことはよく知られていることである。

このようにして得られたおびただしい収集品と記録が、やがてシーボルトの手によってまとめられた著書によって日本を世界に知らしめ、展示された品々がヨーロッパ人の眼を

図35　最上徳内画像（シーボルト『日本』より）

図36　土生玄碩画像

みはらせたのである。時を超えて、里帰り展で展観される豊富な資料群が、今や失われた日本人の史的生業をあらためて現代人に知らしめ、眼をみはらせているのである。

日蘭交歓風景

準備万端整えて、大変な意気込みでのぞんだシーボルトの参府随行の旅。だから、目的地の江戸の定宿・長崎屋において、訪ねて来る日本人客に対する歓待振りは凄まじいものであった。

江戸到着の晩から早速接待工作ははじまった。中津侯が晩に訪問される、という連絡。シーボルトの準備振り、一段と熱が入った。シーボルトは「万事ヨーロッパ流に侯をお迎えする準備をととのえた」。中津侯とは、奥平昌高《おくだいらまさたか》。薩摩のあの蘭癖《らんぺき》老侯島津重豪《しまづしげひで》の二男で、中津藩主となったが、前年の文政八年（一八二五）致仕し、家督を子の昌暢《まさのぶ》に譲っていた。父に似て豪放、みずから蘭学を修め、ドゥーフがつけた蘭名フレデリック・ヘンドリック Frederik Hendrik の名を使用するほどの蘭癖振りであった。

シーボルトは、このような人物についての情報は抜け目なく事前に得ていたようで、

彼は三〇年来の友であるオランダ人と一度親しく知り合いになるために、隠居していた。そうしなければ、大名がわれわれと親しい関係を結ぶことはできないからである。

（斎藤信《まこと》訳『江戸参府紀行』）

と、的確に認識して、長崎屋の二階座敷に迎え入れた。

われわれは夜の時間を非常に楽しく、全くくつろいだ態度でこのオランダ人の愛好者と過ごした。（斎藤訳前掲書）

と述べている。隠居した蘭癖中津侯が、側近のピーテル・ファン・デル・ストルプ Pieter van der Stolp こと神谷源内と、幕府の御用菓子商で中津侯お気に入りのフレデリック・ファン・ギュルペン Frederik van Gulpen こと伊勢屋七左衛門兵助（一六一〇年にフェイルケが描いた「長崎屋二階の図」に眼鏡をかけてカピタン・ドゥーフに本を読んで聞かせていたあのギ

ユルペン）に、侍医のカイト Keit を連れての訪問。歓談の時をすごした。その光景をシーボルトがじつにリアルに書き留めている。

各人は非常にうまくめいめいの役を演じたので、私（筆者注シーボルト）はこらえていることができず、フランス語で、これは私が今まで見たことのない独創的な喜劇だと使節に耳うちした。

といっているが、シーボルトがカピタン・スチュルレルにフランス語でそっと耳うちした光景は、具体的にどんなものであったか。

読者はこれらの日本人をご想像いただきたい。すべてオランダ風なものに身も心もうちこみ、あるいは交互に、あるいはわれわれ相手に破格なオランダ語で話しあい、例の肥った腰巾着氏の高笑い、きれいに剃った頭、歯のぬけたかすれた声のファン・ギュルペンの、愛想はよいが緊張して操る対話、こういうものが好奇心から打ち解けた気持になった侯のまじめさと溶け合って興味深い一団となり、百年前の流行から採ったような間の抜けた服装をしてわれわれの側に腰掛けていた。一方では、お付きで、オランダ語が非常にうまく、たいへん如才のない男が、殿の良い指導者をつとめたけれども――この場面は終始とてもおかしな効果を発揮せずにはいなかった。

図37　奥平昌高画像（自性寺所蔵）

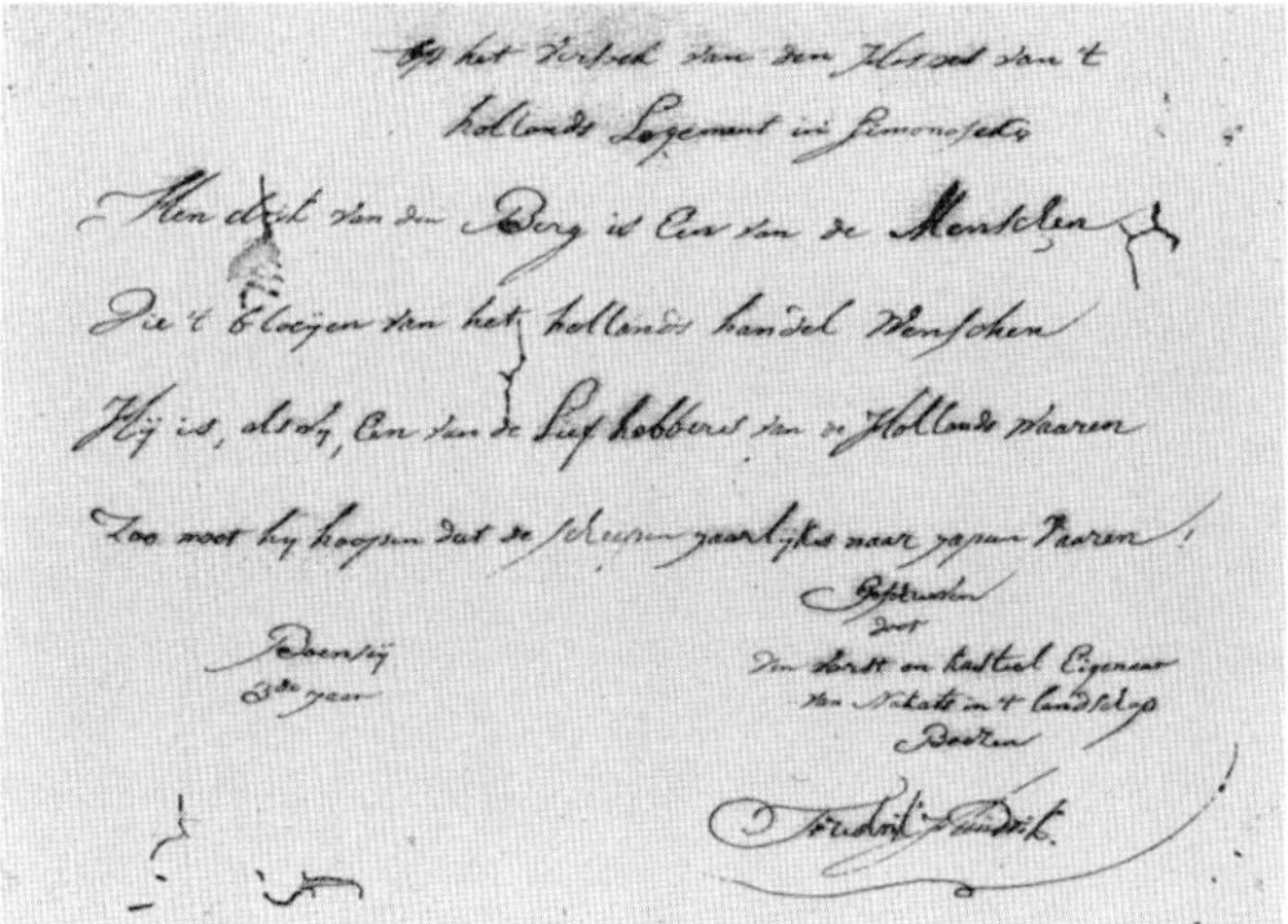

Op het Verzoek van den Hospes van 't
hollands Logement in Simonoseki

Men dicht van den Berg is een van de Menschen
Die 't Bloeijen van het hollands handel Wenschen
Hij is, ditto, een van de Lief hebbers van de Hollands waaren
Zoo moet hy hoopen dat de scheepen jaarlyks naar Japan vaaren!

Geschreven
door
den Vorst en Kasteel Eigenaar
van Nakats in 't Landschap
Boezen

Boentsij
3de jaar

Frederik Hendrik

図38　奥平昌高のオランダ語詩（伊藤根光所蔵）

とまあ、ざっとこんな調子であった。何とも滑稽な日蘭の友好的交歓風景ではないか。

この晩、シーボルトが準備しておいたものが、ことのほか来訪者たちを喜ばせた。

ピアノの音色

この愛好者をお迎えするために、いわばヨーロッパの学術の博物館のようにいろいろな器械類や書籍などを陳列しておいた。

嵩《かさ》みに嵩んだ、あのおびただしい荷物のなかからシーボルトが選《よ》りすぐりの品々を、ここぞとばかりに並べたて、歓待に務めた様子が目に見えるようではないか。

とくに侯の気に入られたのは私の小型のピアノであったが、またクロノメーター（時辰儀）、顕微鏡その他の器具にも注目された。

蘭癖このうえない昌高侯が、シーボルトが携帯して運び込んだ「小型ピアノ eine kleinen Fortepiano」を気に入られたという。この晩、長崎屋の二階の窓から、シーボルトらが弾いて聞かせたピアノの妙《たえ》なる音色《ねいろ》が漏れ響いていたのである。階下の長崎屋源右衛門と家族たち、警備の士たち、窓の外に群がり覗き上げる江戸庶民たちの耳にどんなに聞えたことであろうか。日本人が今まで耳にしたこともない〝妙なる音色〟が、昌高侯をはじめとする集まった人びとの心をぐっと摑《つか》んだことだけは確かなようだ。

図39　シーボルトが運び込んだピアノ（熊谷美術館所蔵）

昌高侯自身、長年収集の蛮品を持参されてもいたようで、

侯はたいていすべてのものをすでにご承知で、いろいろな自分の時計を出してわれわれを驚かせたが、その中のひとつ、文字板が十進法で書いてあり、金属製の調節装置をそなえ、そのうえ寒暖計などもついていたのがあってわれわれを喜ばせた。

と、シーボルトは特筆している。

侯は差し上げた飲食物をおいしそうに口にされ、夜更《ふ》けてからやっと帰途についた。

オランダ人が日本人を歓待する定番の飲み物と食べ物といえば、リキュール、チンタ酒、ローデウェイン（赤葡萄酒）、ことによったらユネーバー（ジン）もあったであろう。つまみには各種の蜜漬け、ボートル（バター）やカース（チーズ）もあったかもしれない。クッキー類もあったであろう。おいしそうに口にされ、夜更けてからやっと帰っていかれた、というのである。

中津侯、よほどご満足であったと見えて、翌日の晩も「お忍び」で長崎屋を訪問された。おびただしい荷物ということは知れわたっていたから、中津侯、昨晩のピアノとともにもっと珍しい器物があるものと思われたものかもしれない。

夜更けまでおられた。われわれはできるだけ侯をおもてなしした。音楽・歌謡それからダンスなどして心から面白く過した。

といっているから、この晩も長崎屋の窓から江戸の街に「ピアノ」の音とオランダの歌声が漏れ広がっていったわけである。

侯はダンスを日本の舞いと比較して次のような言葉を述べられた。曰く、「オランダ人は実際に足でおどるが、これに反し日本人は手でおどる」と。

これを中津侯、立派な文化比較をされたといったら褒めすぎであろうか。

三月九日（四月十五日）の晩には、中津侯と薩摩の老侯すなわち島津重豪の訪問があった。

このふたりの大名は音楽・詩歌・書籍・機械類などの話をしながら、夜の大半をわれわれのところで過ごされた。

とシーボルトは記している。この晩も長崎屋からピアノの音、異国の歌声が聞えたのであろう。

中津侯は三月十三日（四月十九日）、三月二十一日（四月二十七日）、四月一日（五月七日）と、いずれも晩に長崎屋を訪問、シーボルトと歓談の時をすごされた。

以上は蘭癖大名中津侯奥平昌高の長崎屋訪問を受けて、シーボルトが行った歓待振りの具体的な一例である。どの晩も、長崎屋の二階座敷はピアノと異国の歌声の聞える日蘭交流のサロンといった光景を呈した、と受けとめられる。

異文化の体得

蘭方《らんぽう》医師たちを迎えたときの長崎屋の二階は、さながら医学教室における講義・ゼミ風景にも通じる場を出現させた。

毎朝通って来る最上徳内を迎えて、シーボルトが「エゾ語」の編纂に打ち込んだ時間帯の長崎屋の二階は、国際言語学研究所と呼んでも差支えないものであった。

幕府天文方のグロビウスこと高橋作左衛門景保を迎えたときの長崎屋の二階は、国際的な地理歴史研究所、もしくは国際政治研究所的要素を呈したことと思える。

訪問客の特質によって、シーボルトが運び込んだおびただしい荷物を、人ごとに、選び出して応対したから、長崎屋の二階は、民族学・民俗学、動物学・植物学、機械・工学、芸術学、飲・食物の学などなどと、早変りする教室・研究室・レクリエーション室と化し、ときには密談の場ともなったのである。長崎屋の二階座敷は、まさに多目的ホールであった。

このような機会を通じて得られたシーボルトの知的収穫が、まえに部類分けしてみた成果だったのである。訪問の日本人もまたそれぞれ刺激を受け、異文化体得をして帰ったのである。

長崎屋の娘の手紙

長崎屋の娘二人が連名でカピタンに手紙を出している。一通はなかなかのびやかなオランダ語文、もう一通は水茎《みずくき》の跡《あと》も麗《うる》わしい三十七行にわたる和文である。

娘二人は、Jedo Nangasackjejasche Zuster（江戸長崎屋の娘）Otsoeroe（おつる）Omino（おみの）と署名し、「長崎屋　つる　ミの」とも書き贈っている。

宛名には WelEdele groot Achtbaar Heer Opperhoofd Blomhof（いとも尊敬せる商館長ブロム

ホフ様）とも、「かひたん様」とも認《したた》めている。

発信年月日としては、Den 28 Sanguats Japansche haasjaar（日本の卯年三月二十八日）と記し、和文の方は、単に「卯月朔日」と記している。

ヤン・コック・ブロムホフ Jan Cock Blomhoff が出島のオランダ商館に在任した期間の「卯年」は文政二年（一八一九）のことである。

すると、ナポレオンの没落により独立回復後のオランダの対日貿易額回復の任をおびて、文化十四年（一八一七）夏、商館長として再来日したブロムホフが、長崎奉行を通じて貿易額の増加を運動し、翌文政元年（一八一八）、江戸参府の折も熱心に運動した結果、年額六十万斤のほかに十年間年々三十万斤の増額を許され、さらに翌年には明年分の銅を繰り上げて百万斤の輸出を許された、まさにその年の春三月二十八日の手紙とわかる。

歴代商館長の定宿の家族という親しさに加えて、ブロムホフ自身が幅広く日本人との親交を推しすすめていた時期に相当する一輸であることがわかる。オランダ語文の内容は、

私たちは、貴方様が贈って下さった二ツの金の縁付きコップ、十二ケの小さなボタンと二個の指輪を確かに受け取りましたことに対し、大変有難く、感謝いたしておりま す。このどれも私たちをして終身忘れさせません。私たちは常に貴方様がもう一度江

図40　ブロムホフ画像（城義隣筆，神戸市立博物館所蔵）

戸に来られますことをとても期待いたしております。ここに私たちの御菓子の箱一ツ、円い扇子二本、象牙材の箱七ツと象牙材の桂皮三ツを差し上げますので、快くこの粗末な贈物を受け取って下さるように。そして、貴方様が常に御健康で、百歳までも迎えられますよう望んでおります。かしく。

というものである。

江戸参府の翌年すなわち参府休年のこの年、おそらくオランダ商館が将軍に贈る献上物を護送して東上して来た参府休年出府《しゅっぷ》通詞の一行が、親しく舶載のコップやボタンに加えて、長崎屋の二人の娘に、それぞれ指輪を贈り届けたブロムホフの好意に対して、おつるとおみのの両嬢が返礼の四品にこの手紙を添え、その健康を祈り、加えて、「私どもの祖父、祖母、父、母がよろしくと御挨拶しております」と挨拶の趣きを書き添えて贈ったものであることが読み取れる。

長崎屋のことはその名が知られているに反してさっぱりわかっていないのであるが、この時点で二世代が揃って健在で、娘二人を持った長崎屋源右衛門であることがわかる。その娘たちもブロムホフが指輪を贈るほどに成長している様子となれば、そこにはおのずから華やいだ江戸の商家の一面が浮かびあがって来るようである。

第二通めの和文内容を読んでみよう。

御ふみ之事御礼申あけまいらせ候、先〳〵したひに御あつさにむかひ候へとも、いよ〳〵御機嫌よくいらせられ候御事、御めて度うれしくそんし上まいらせ候、此たひみな〳〵さま御出にて御よふす承《うけたまわり》、うれしく殊に思召《おぼしめし》により更紗《さらさ》おもて地壱端《たん》弁ニ手附金もよふ大緒口《ちょこ》壱ツおくり被下《くだされ》、ありかたく幾久しくといたゝき参らせ候て、相かわらす御心さしさまのほと浅からす〳〵とミな〳〵ありかたかりまいらせ候而《て》、厚〳〵御礼申上たく申付候、右ニ付、近比《ちかごろ》そまつに御座候得とも、紅板〆縮緬《べにいたじめちりめん》壱反弁錦

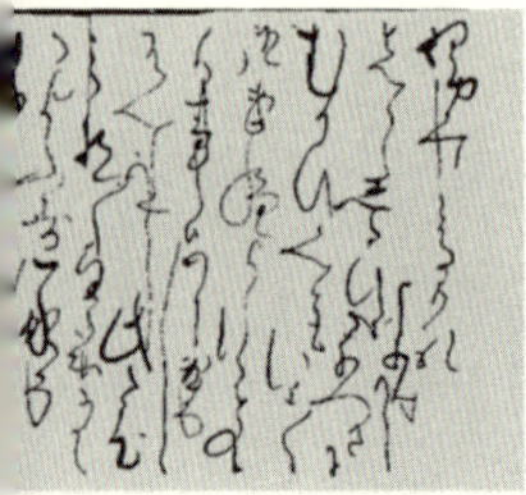

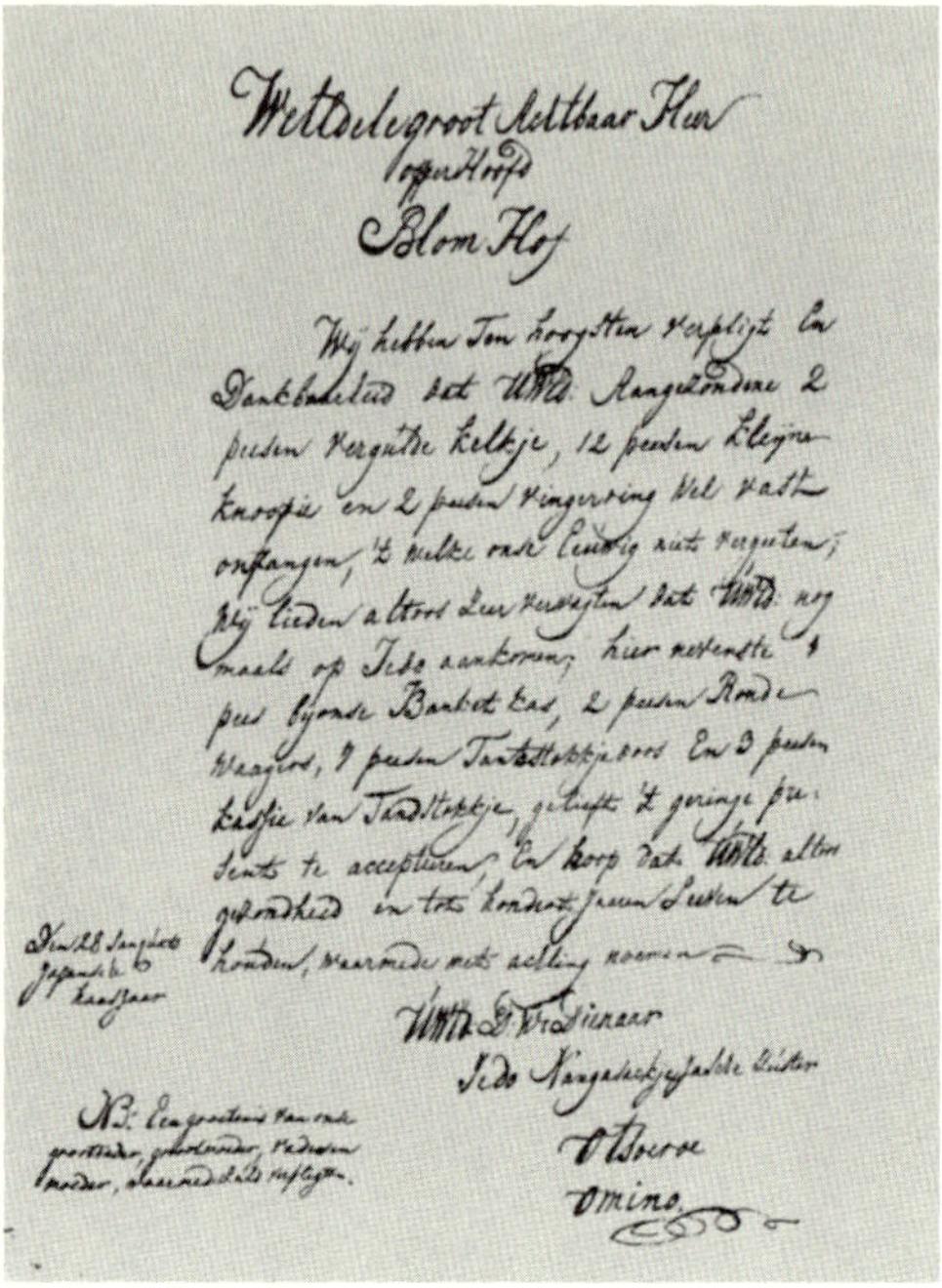
Weldedelegroot Achtbaar Heer
Opperhoofd
Blom Hof

Wij hebben Ten hoogsten verplijt En
Dankbaarheid dat UWEd. Aangekomene 2
peeden Vergulde Kelkje, 12 peeden Kleijne
Knoopje en 2 peeden Vingerring Wel vast
ontfangen;
kistje van Tandstokkje,
te accepteeren, En hoop dat UWEd.
houden, waarmede

NB:

Omino

図41　カピタン宛つる・みの書翰（オランダ語文，
オランダ国立文書館所蔵）

絵態《わざ》と御めにかけまいらせ候、誠ニ〳〵御礼申上候しるし
までに御座候、いつれ来はるは御めもしさまにて、山〳〵
御礼申上候、めて度かしこ
内容はブロムホフからの書翰と更紗表地一反《たん》ならびに大猪口

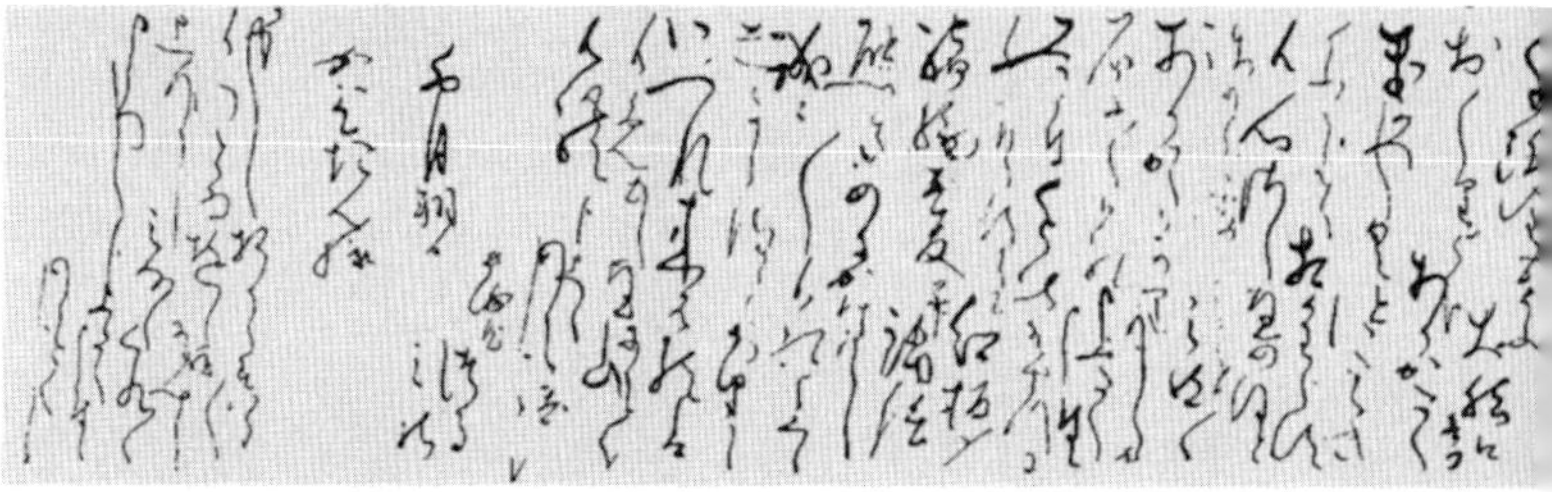

図42　カピタン宛つる・みの書翰（日本語文，同所蔵）

一つとの贈物に対する礼を述べ、返礼として縮緬一反と錦絵とを贈り、来春再会の機に礼を述べたいと記している。

発信年の記載はないが、文中に「来はるは御めもしさまにて、（中略）御礼申上候」と、来春の参府東上の機会を予定的に期待している文面から、この手紙はブロムホフが第二回目の参府をした前年の文政四年（一八二一）卯月朔日のものとわかる。「此たひみな〳〵さま御出にて」とは、この文政四年の春にオランダ人の参府が休年のため、商館長からの献上物にのみ警護して東上して来た参府休年出府通詞の一行をさしている。

このように見てくると、オランダ文の手紙に見える舶載の珍品を贈り届けたのも参府休年出府通詞であったであろうと見るのも、その日付が春のうちであることからして納得できる。

阿蘭陀通詞の仲介

ところで、このようにのびやかなオランダ語の筆跡とオランダ語文を長崎屋の娘が認《したた》め得たであろうか。また、このような水茎の跡も麗わしい

図43　石橋助左衛門画像（デ・フィレニューフェ筆，長崎歴史文化博物館所蔵）

日本文字を、しかも女手《おんなで》の文字と女性言葉をブロムホフがそのまま判読し、理解し得たであろうか。どちらも否定的な判断を下さざるを得ない。しかし、関係する内容を理解し、記念の気持ちが働いたからこそ大切に保存し、オランダまで持ち帰り、ブロムホフ・コレクションの一つとして現在にまで伝えられているのだと思われる……。さすればオランダ語で手紙を代筆してくれる人、女手の流麗な手紙を読んでオランダ語訳してくれた人が必ずや存在したはずである。

いずれの場合も、通詞の通弁・翻訳による仲介があってはじめて両者の意思の疎通が可能であったわけである。

文政二年（一八一九）春の参府休年出府通詞は、大通詞が石橋助左衛門、小通詞が加福《かふく》新右衛門であった。文政四年の春は大通詞が横山勝之丞、小通詞が岩瀬弥十郎であって、見習として岩瀬弥七郎が随行していた。

オランダ語文の筆跡が石橋助左衛門であるか、加福新右衛門のそれであるかはにわかに決し難いが、文政四年の通詞たちも含めて、いずれも有能な通詞で、公的通弁や翻訳に従事しているとともに、長崎屋を訪れる人びと、例えば鷹見泉石《たかみせんせき》などと知的親交を結んで通弁・翻訳に当たっている面々であったから、長崎屋の家族とももちろん昵懇《じっこん》の間柄にあって、手紙の翻訳、書かれた手紙の内容説明などに当たったであろうことは容易に察せられる。

それにしても、オランダ宿の家族がこのようにカピタンとも阿蘭陀通詞とも親交を結んでいたこと、このようなかたちで舶載の珍品が長崎屋の家族の手に入ったものもあるということが確認されたわけである。これは江戸の長崎屋に限ったことではなかった。京の海老屋、下関の伊藤家など蘭癖の宿屋の主人や家族の間でも見られたことと一致する。大坂の長崎屋（為川）も小倉の大坂屋（宮崎）も同様のことであったと察せられる。

句や歌に詠まれた長崎屋

カピタンの江戸参府、いつ頃江戸に来たのか？

甲比丹も花に来にけり馬に鞍

何をしに、江戸に来たのか？

かぴたんもつくばはせけり君が春

カピタンの定宿は？

甲比丹の宿は長崎屋源右衛門

何日くらい滞在したのか？

筒袖にほたん掛して長崎屋

旅寝廿日にかきるかひたん

通詞も江戸のスケジュールについて、およそ二十一日とマニュアル・ブックを作成していた。

長崎屋はどこに在ったのか？

石町は遠い得意を持つて居る

石町の鐘は日本の外も聞き

石町の鐘は紅毛《オランダ》まで聞こえ

顔をつん出す石町人だかり

石町へ越すと早速びつくりし

石町で出しても同じ鐘の割

是にのミ通事ハいらすわかるらん
かひたんのきく石町のかね

長崎屋は石町の時の鐘と背中合せに在った。寝ているカピタンのほぼ頭上で鐘の音、その音のみは通詞の通弁を必要としなかった。

長崎屋の造りはどうだったのか？

紅毛のつゝきし文字の長崎屋
駕籠まで横につける式台

長崎屋におけるカピタン一行の生活振りはどんなものであったのか？

汝が髭もてるきせるも長崎屋
旅寝にあしも伸すかひたん

長崎屋旅寝におきて守り居て
文字のミ横につかふかひたん

紅毛やおのが巣となる長崎屋
石町じや遠い寝言が窓から出
唐人の寝言を聞くは長崎屋

聞えたのはオランダ語の寝言だけではない。ときには西洋楽器の音が聞え、ときには珍しいピアノの音まで聞えたことがあった。江戸庶民の眼と耳は釘付《づ》け、制しても、制しても、人だかり、幾重にも取り囲む。

つれつれに茶を煮ても日の長崎屋
　窓に顔ほす暇のかひたん

窓にチラッと顔や姿が見えようものなら、ひときわ喚声が上がった。

長崎屋今に出るよと取り囲み
今出ると大勢たかる長崎屋
今出ると雛箱背負つて待つてゐる
我内へ押し分けて入る長崎屋

長崎屋の二階座敷には椅子があって、カピタンたちは腰掛けて生活。

曲彔《きよくろく》にもたれて足の長崎屋
　紅毛人の腰かけの宿
おひさもとおそれハあれど長崎屋
　曲彔に腰かくるかひたん

長崎屋で賄《まかな》う食事はどんなものであったのか？
長崎屋あっちのめしも喰ってみる
へんちきな献立を書く長崎屋
菓子鉢は蘭語で言ふとダストヘル

長崎屋のたどった道

転宅の実現

類焼に次ぐ類焼にすっかり音《ね》をあげた長崎屋の転宅が、ようやく実現したのは安政六年（一八五九）六月十四日のこと。築地《つきじ》の鉄砲洲《てっぽうず》船松町《ふなまつちょう》二丁目は、長崎屋源右衛門が年来望んでいた「火堅き場所」で、海に面し、廻船《かいせん》からの荷揚げにも便利な「地所」であった。安堵して「御旅宿御用」を務めることができると思えたものである。ところが時代はすでに激動のときを迎えていた。

日本が直面した激動に揉まれ、激震を受けて長崎屋、どんな道をたどったか、追ってみなければならない。

蘭書と鉄砲の販売

転宅一年前の安政五年（一八五八）十月、長崎屋は勘定奉行《かんじょうぶぎょう》から「蕃書売捌所《ばんしょうりさばき》」を命ぜられた。

長崎輸入の蕃書が長崎表から江戸の長崎屋に差し廻され、「蕃書改済調印」を捺して売り出されるのであると……。

蕃書改め済みの調印として用いられる印鑑二種も示された。「長崎東衙《とうが》官許」と「安政戊午」の二顆《か》。

勘定奉行から江戸の町年寄《まちどしより》へ、町年寄の館市右衛門から書物問屋へ順次達せられ、印鑑を見せて「心得」方を申し渡された。

右のような改め印を調印して長崎屋から売り出された蘭書（洋書）がどれくらいの部数でいつまで続いたものか、追うことはなかなか難しい。

例えば、現在、国立国会図書館に引き継がれ架蔵されている旧幕府引継洋書のなかには、まま「長崎東衙官許」と「安政戊午」の二顆を捺した蘭書を見ることができる。ほかにも流布した蘭書のなかに間々見受けられる。と同時に、今はすでに存在しない蘭学資料研究会が旧幕府時代に輸入された蘭書の調査を精力的に行っていたとき以来、疑問に思っていたことがある。どうして一冊の本に「長崎東衙官許」と「安政戊午」の二顆が同時に捺《お》し

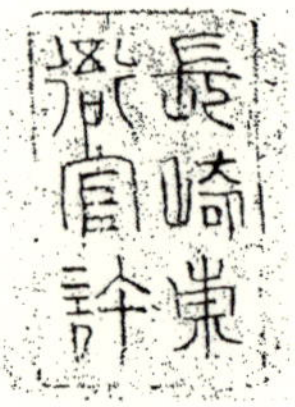

「長崎東衙官許」

「安政戊午」

図44　蕃書改め済みの印鑑（「市中取締書留」より，国立国会図書館所蔵）

てあって、ほかの年度の印が捺してないのか。

後述するように、これ以後、長崎屋が目まぐるしい変転の一途をたどったことによると判明した。

いずれにしても、輸入薬を扱う薬種商であった長崎屋が、人参座《にんじんざ》を引き請け、和製龍《りゅう》脳《のう》売弘取次所を引き請け、オランダ宿を務めた実績のうえに、蕃書売捌所を命ぜられたことがわかる。

このようにして、長崎屋は江戸で最初の西洋書籍の取次店となった。その頃のことを伝える懐古談を第三代順天堂《じゅんてんどう》主で明治期外科学界の第一人者である佐藤進医学博士が残している。

又其頃慥《たしか》には覚へぬが、江戸の本町辺に長崎屋といふ本屋があつて、其所《そこ》に一年に二三度和蘭陀より原書の来る事がある。其れを聞くと其本を求むる資力のある書生は、佐倉より江戸まで、十三里もある所を下駄や草鞋《わらじ》で求めに出かけた事もある。実に今の修業をする生徒の夢にだも想像されぬ次第でありました。（『太陽』臨時増刊、明治十二傑、二六一頁）

西洋医学を志す医学書生にとって、江戸で蘭書が購入できるという、何と嬉しいことであったか、察せられる。

もっとも長崎屋が本石町三丁目で蘭書の販売を取り扱ったのはきわめて短期間のことである。安政六年六月に長崎屋は鉄砲洲船松町二丁目に転宅したし、「安政戊午」の捺印しか見受けられないからである。

長崎屋は安政六年（一八五九）六月十四日に鉄砲洲船松町二丁目に転宅してからも「蕃書」の取り次ぎ販売をしていた。

それどころではない。江戸の町年寄の樽屋藤左衛門の記すところによれば、安政五午年（一八五八）以来、長崎屋は「蕃書」と「西洋銃」の「入札払」いをしているという。

特に「銃」の販売について、安藤対馬守が申し渡しているところによれば、「長崎廻り」の「船来小筒類」を「鉄砲洲船松町二丁目長崎屋源右衛門方」において「売捌」くので「万石以上以下諸家陪臣」に至るまで「望」みのある面々は、長崎屋で「買い請」けること「勝手次第」である、と明記している。
社会は「銃」を必要とする時代を迎えていたのである。長崎屋は幕府の指定を受けて、時代の先端をゆく「おいしい仕事」にいつも従事していたのである。

江戸の長崎会所

安政七申年（一八六〇）になる頃には、長崎屋は「蕃書」と「西洋銃入札払」いを行い、また長崎への「御用物」の差し廻し方をも行うようになっていた。そのほか「長崎会所」にかかわるような「御用向」をも取り扱うようになって手一杯となったためか、「唐人参捌方」の業務はもはや「休業」の状態となっていた。

その結果、長崎屋源右衛門方で「人参座」と称しているのは実状に合わないことになり、「申三月」に「名目」が「不都合」ということで、以後「江戸長崎会所」と改称、源右衛門は「会所附御用達」にしてはどうかと勘定奉行と長崎奉行から江戸の町奉行に相談があり、ただちに決定をみたらしく、同じ「申三月」に江戸の町年寄から船松町二丁目の名主・月行事に通達があった。

文久《ぶんきゅう》二年（一八六二）四月には、船松町二丁目の河岸《かし》に「御用物揚場《あげば》　長崎会所」と表記された檜材八寸角の榜示杭が打ち建てられた。

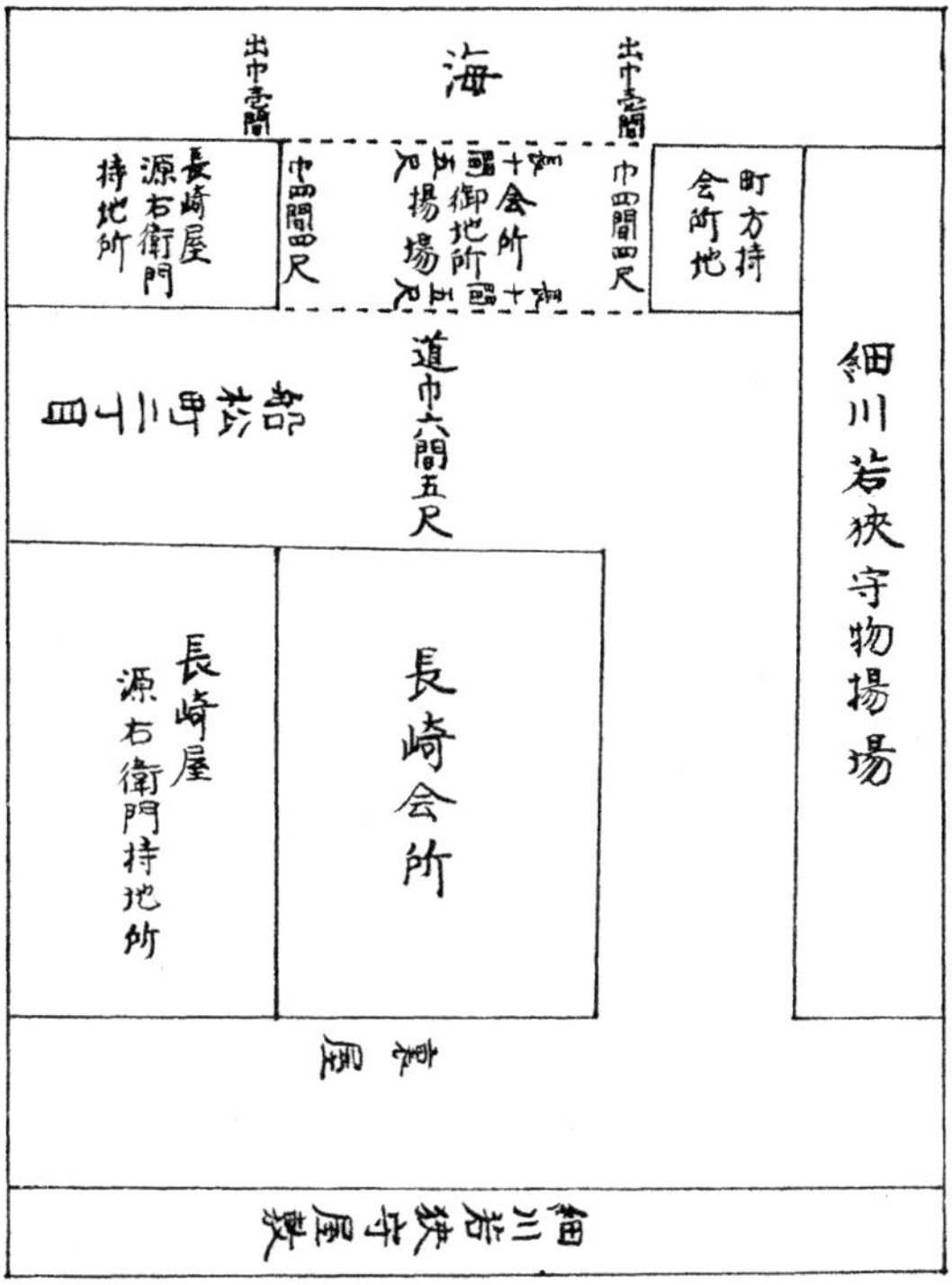

図45　長崎会所附物揚場見取図（著者書写作図）

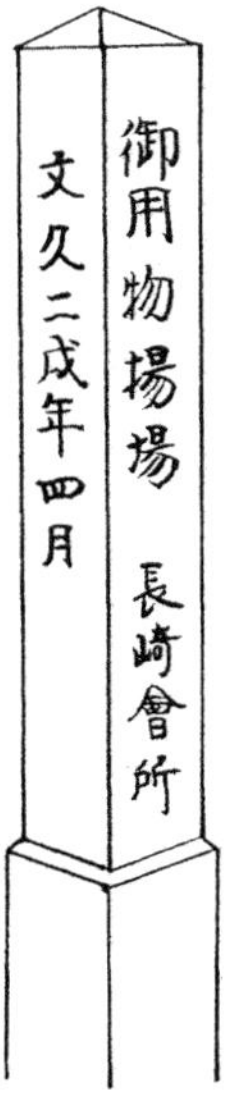

図46　江戸長崎会所の
榜示杭（同）

ところがこの築地辺の武家地は幕末開国後にわかに注目される地域となっていった。築地講武所が設けられ、安政四年（一八五七）には軍艦操練所が創設され、やがて軍港が設けられ、海軍兵学寮・海軍軍医学校・海軍経理学校などが建設されていった。明治元年（一八六八）に維新政府は東京開市のため鉄砲洲に外国人居留地を開くことにした。これらのことはよく知られていることである。要するに、この地域は、激動の時代の波を受けて、注目の激変地であった。

存続の秘密

四百年余も十一代以上にもわたって、商家として異国人の定宿の代表格として存続した江戸の長崎屋。長い存続の秘密はどこにあったか。

長年にわたり類焼に次ぐ類焼にあって、長崎屋の旧記・記録がいっさい失われ、不明の一語に尽きる。すでに何回となく述べてきた通りである。

しかし、あえてこの問題を考えるとすれば、長崎屋自体の存続の努力と、そのおかれた時代と社会のなかで生きる努力の二面を考えてみなければならないかと思われる。

前者の努力の様子を解き明かす旧記・記録がいっさい失われているという現状である。

後者の解明も、良好・十分な資料が得られず、未詳のままで今日に至ったというわけである。しかし、これこそが本書で得られた零細資料の総合と分析によって得られる総合評価の問題である。

そこで以下では、前者を考える一助として長崎屋自体における一事件を紹介してみたい。寛保《かんぽう》元年（一七四一）から翌年にかけて、「長崎屋源右衛門が養母と不和」の一件があった。

養母との不和一件

源右衛門の養母が、江戸在府の長崎奉行窪田肥前守忠任に「願書」を差し出した。源右衛門の兄である馬喰《ばくろう》町に住む舛屋宇兵衛という者ともかかわりあいのあることであったため、長崎奉行は老中松平伊豆守信祝《のぶとき》に対し、町奉行において吟味《ぎんみ》されるべきかと伺いをたてた。そこであらためて「十二月十六日」付で老中から町奉行に吟味が命じられ、北町奉行石河土佐守政朝《まさとも》が吟味に当たることになった。

吟味の報告書を石河土佐守が松平伊豆守に「上」げたのが「寛保二年正月十九日」。報告を受けて、老中が「伺の通り」「申し付」けるよう町奉行に命じたのが「戌二月朔」のことであった。そこで北町奉行石河土佐守は、一件の関係者一同に判決を申し渡した、というわけである。

一件書類は江戸の町奉行所でまとめられた法令先例集である『撰要類集《せんようるいしゅう》』の「五」に収録され、今日に伝わっている。

長崎屋関係史料の極度に乏しい現状にあって、長崎屋の家庭事情の一端を覗きみることのできる貴重な具体的史料ということができる。

裁判の経過の概要を追ってみる。

寛保元年（一七四一）の後半において、長崎屋源右衛門の養母（名前は記されていない）が、在府長崎奉行の窪田肥前守忠任に「願書」を提出。北町奉行石河土佐守政朝が、本石町三丁目長崎屋源右衛門（戌三十九歳）と馬喰町二丁目清右衛門店舛屋宇兵衛（戌五十二歳）の両名を呼び出し、養母提出の「願書」に照らして一件を吟味した。

吟味の結果、「無証拠」のこともあり、源右衛門が「不届」であるとすることもないことが判明した。

吟味中に判明したことは次のような事柄であった。

源右衛門が「不如意（金がなく）」で、万端、兄の宇兵衛より「仕送り」をしてもらっていた。したがって、公儀（幕府）からの「拝借金等」の「請け取り」も「宇兵衛方」へ「引き取」られていた。養母が「身の立ち難き」と訴えていることについて、「誰」からのことかわからないが「小遣等」も「少々」は遣《や》っていた。ただし、養母の「心」に「叶」うほど遣《つか》えたというわけではなかった。先代の源右衛門の「娘」（舛屋宇兵衛の弟で長崎屋に入った現当主源右衛門の妻）が「四年以前」に「病死」した。「老年」でもない「養母」に「再縁」をと宇兵衛がすすめたが、養母は「得心（承知）」しなかった。宇兵衛の「悴《せがれ》大吉」を源右衛門の「養子」にしてはという宇兵衛の「相談」にも、養母は「得心」しなかった。養母は、外へ再縁することと大吉の養子縁組みを、結局は「長崎屋」の「家督」を宇兵衛が「買い取」る「所存」で「我儘《わがまま》」な「取り計い」であると「察」し、「請」けては「心得違い」をして（先祖に対し）「申し披《ひら》き」もできない、という訴えであった。

さらに加えて以前あった「唐人参座一件吟味」の節、（源右衛門に）「不埒《ふらち》」のことがあって、「役儀召放《めしはなし》」になったことは「長崎屋」の「家名」に「疵《きず》」を付けたことであると「心外」に思っている、と訴えている。養母の「手当」を「疎《おろそか》」にし「心に叶」わない、といっている。養母が源右衛門を宇兵衛方へ「返し度」いと願い出ているが、源右衛門が養子として来たときの「持参金三百両」を付けて返さなければならないが、その金子は「調《ととの》」わない（調達することができない）という事情であった。

以上の判明点と明らかになった事情を踏まえて、町奉行は判決案を「黄紙下ケ札」二枚に記し、老中に判断を請うた。

「黄紙下ケ札」の一枚目には源右衛門は「不届」のことはないが、養母の心に叶うような養育をしなかったことは「不埒」であるから「隠居」を申し渡す。二枚目には、宇兵衛は源右衛門の兄で「勝手の仕送り」をしたとはいえ、「万端《ばんたん》」を「引き請け」「心に任せ取り計らい」、「不埒」のことを養母へ「申し懸」けたことは「不届」きであるから、「急度《きつと》叱り」のうえ、「重」ねて「長崎屋ノ家督」にかかわってはならないと申し渡す、とある。判決案は右二枚の通りであるが、町奉行は養母と長崎屋の将来について次のような意見を付け伺いをたてている。

養母には「相応の者」を見つけて「養子」とし、「跡式」を「相続」させるよう「申し付」けるべきである。源右衛門が「阿蘭陀宿」「唐人参座役」の両役を務めることは、「長崎奉行方」で「取り計う」ことであるが、「相続人」さえ「相立」てば、「阿蘭陀宿」は相違なく「申し付」けるべきことであるし、「唐人参座役」も相続人が「相勤躰之者」（保証できる人物）であれば、従来通り「申し付」けるべきである。

以上の判決案と意見が、「戌正月」付で北町奉行石河土佐守から「寛保二戌年正月十九日」に老中松平伊豆守へ答申され、「伺之通」り、と判断が下され、「戌二月朔」に北町奉行石河土佐守が老中の「旨」を請けたものである。

以上、右の「長崎屋源右衛門養母不和一件」を通じて見えてくることは、「阿蘭陀宿」

「唐人参座役」は長崎奉行の支配、「長崎屋相続」は江戸の町奉行の支配であること。幕府は長崎屋に「阿蘭陀宿」と「唐人参座役」の両役を務めさせたい方針であり、長崎屋は「役儀」を務め続けるために「相続」をめぐって、養子縁組みなど、苦労する点が大きかったことなどである。

右はほんの一例にすぎない。四百年余りにわたって、十一代以上にもわたって、いろいろなことがあったにちがいない。

移転と洋書の移管

慶応三年（一八六七）七月五日、船松町二丁目と十軒町の家主達に対して家作引き払い命令が出された。船松町二丁目と十軒町は隅田川に面し、弧を描くように河岸の続く、船の荷揚げに便利な場所。築地に居留地を設定するための措置であった。急転する時代の波を受けて、急展開を見せようとしている土地であったわけである。

武家地ではあるが、長崎廻りの船来小筒《こづつ》類や蕃書《ばんしょ》を取り扱う「江戸長崎会所」の「御用達町人」ということで住居を許され、火を避け、会所専用の「御用物揚場」も活用できて、いよいよ「御用」に精を出せるか、と安堵の気持ちになったばかりだというのに。長崎屋源右衛門、時代の波に揉まれ、急発展する土地の上で全面的な移転を余儀なくされたのである。

長崎屋はどこへ引っ越したか。激動の時代に激震を受けた土地の人の移動を詳細に追うことは至難の業《わざ》である。

明治二年（一八六九）の段階で、長崎屋は「南飯田町続きの埋立地」に移っていたようだ。

南飯田町は、先の船松町―同二丁目―十軒町―明石町と弧を描くように見える河岸の便にめぐまれた地続きの延長線上に存在する、と理解できる。やはり長崎屋の業務の便を考慮して与えられた場所であったか、と納得させられる。

ところがである。波止場《はとば》の建設予定地になったため、またまた立ち退きを命ぜられてしまった。しかし長崎屋の建っている土地は、源右衛門が長崎会所金を借りて購入した地所であった。その借金の返済がまだ済んでいなかったため、換地の所有権について疑義が生じた様子であった。

また、同じ明治二年（一八六九）二月五日に、東京運上所保管の旧長崎会所所蔵洋書の昌平黌《しょうへいこう》への提出を東京府に対して命令が出されていた。これを受けて長崎屋が同年の四月十一日に、山口範蔵家来鈴木弥三郎という者に英書類を二百八十四冊引き渡し、翌十二日に開成所へ西洋書一万七千二百八十冊を引き渡した。このほか外国官へ引き渡した西洋書もあり、運上所御備書籍として引き残したものもあったという（詳しい書目は『阿蘭陀宿長崎屋の史料研究』参照）。

右のそれぞれの書目を一覧すると、当時、長崎屋源右衛門がいかに大量の洋書と訳書を取り扱っていたかを知ることができ、驚嘆させられる。類焼続き、移転続き、借金塗《まみ》れの長崎屋がよくもこんなに高価な洋書と訳書を抱えていたものである、と驚嘆させられるのである。やはりこの段階でも、幕府から新政府にかけて何らかの形で補助金の助成があったであろうことを察せしめる。注目に値する一事といわなければならない。

長崎屋のその後

その後の長崎屋源右衛門、どうしていただろうか。四百年余も続き、十一代以上も代を重ねた長崎屋。長い歳月に渡って続いた大店《おおだな》であっても、それぞれの代の当主の才覚が、時代の大きなうねりと置かれた社会機構のなかで、どのように発揮されるか。そこに浮沈が生じてくる。時代を超え、社会の動向・趨勢を超えて現代社会にも通ずる問題であろう。

激動の時代に激震を受けた長崎屋の運命、源右衛門が執った一家存続・発展のための采配振りの様子を追うことは至難の業である。旧記の失われている今は、ほとんど不可能といってよい。

開港・開市後の新開地横浜を視野に入れて、ときの長崎屋の当主源右衛門は「生糸貿易」に触手を延ばそうとした気振りが見える。

新材木町家持の用達である丁字屋《ちょうじや》甚兵衛と、用達長崎屋源右衛門が協同して生糸貿易に手を出し、不穏な行動の見られることもあったようだ。その行動を隠密《おんみつ》廻が嗅《か》ぎまわり、「風聞書《ふうぶんがき》」にして報告している。

丁字屋甚兵衛とは、長崎屋源右衛門と同様「長崎会所付用達」を認められた者であるが、隠密廻の言によれば「唐物《からもの》類手広」ろに商い「山気《やまけ》もの」で、「筋の役々へ取り入」ることの上手な者であったようだ。「金弐拾万両」の「拝借金」を得て、そのうちの「凡《およ》そ弐万両程」を「奥州《おうしゅう》筋」へ「生糸買出し」に廻し、「百弐拾六箇程」を横浜へ船廻しにした。その際、船には「御用挑灯《ちょうちん》并絵符」を立て、「奥州生糸荷物壱箇毎《ごと》に御用物長崎会所」と記した「焼印」のついた「絵札板」を付けていた。売り捌いた分の「徳分」のうち「歩合」のあった様子である。廻送の船には「武家方」も乗っていたとかいなかったとか、などなどと探索されている。

探索の報を受けて、新政府筋が丁字屋甚兵衛と長崎屋源右衛門に対してどのような監視の眼を向けたか、あるいは処分の手を下したか。そこまでは記録を得ていない。しかし、長崎屋源右衛門が限り無く、不穏な空気に包まれているように見えることだけは確かである。

明治八年（一八七五）八月五日、第十一代目源右衛門が本所《ほんじょ》の小梅の裏長屋で子女五人を残して死歿、浅草の誓願寺《せいがんじ》長安院に葬られたという。

現在、府中市上染谷五九五、多磨霊園四区甲七側に、富沢家先祖代々之墓があるという。長崎屋源右衛門の本姓は江原、したがって江原家先祖代々之墓とあるべきところであるが、二男江原多三郎が徴兵のがれのために富沢家を継いだためである、と長崎屋源右衛門の末裔にあたる川口幸太郎氏が昭和三十八年（一九六三）十二月二十一日の蘭学資料研究会例会で報告されている（『蘭学資料研究会研究報告』第一五三号参照）。

図47　長崎屋源右衛門の署名と印鑑（『中山文庫』，シーボルト記念館所蔵）

異文化交流の実態——エピローグ

史料の残らない長崎屋

類焼に次ぐ類焼にあっていっさいの記録を失った長崎屋、幕府の指定を受けた阿蘭陀宿《オランダやど》であったとはいえ、禁教・鎖国下であったためか、幕府の公的記録のなかにも、幕府の出先機関であった長崎奉行所の記録にも長崎屋に関するまとまった記録は見出せない。同じように、オランダ商館の記録にも、泊ったオランダ人の旅行記等にも、宿泊・滞在した際の印象などは記されていても、長崎屋に関するまとまって、組織だった記録は見出せない。

そこで、焦《あせ》ってできる仕事ではないと、気ながに構え、長崎屋追究の視点をかえてみた。すなわち、長崎屋源右衛門の同業者、長崎屋の警備に当たった担当者、カピタンの江戸参府に監視と保護の任を務めた日本人随行者、なかんずく長崎奉行所派遣の検使や通弁・通訳の任に当たった阿蘭陀通詞《オランダつうじ》に目を向けて、零細な史料を追ってみた。もちろん泊ったカピタンや随員の書き留めた記録や旅行記にも目を向けてみた。本文で扱った通りである。そのために、思いのほか歳月を要し、荏苒《じんぜん》、四十五年を経てしまった。右のような視点で収集し得た諸史料を集積のうえ分析し、検討を加えて、再構成に努めてみたのが本書である。

その結果、話題は多岐にわたっている。解明をみた点も多いが、なお残された点も多いように思われる。

得られた知見に基づいて、今後の長崎屋ひいては近世日本の追究・解明の資とし、展望を導き出すまとめをしておきたいと思う。

南蛮宿から阿蘭陀宿へ

長崎屋源右衛門は糸割符《いとわっぷ》商人の活躍した時代より以前から、おそらくは南蛮貿易の盛んな頃から、海外関係の仕事に携わって地歩をかため、ときの権力者にも顔のきく存在に成長していった町人のようであった。

糸割符商人たちが江戸に参府して公儀《こうぎ》の御役人方へ諸事手続きをする際、事情通の長崎屋源右衛門が頼りにされ、すでに「定宿《じょうやど》」を務め、重宝がられる存在になっていたことによって首肯できる。

やがて時代は禁教・鎖国の時代を迎えて、対外貿易は南蛮貿易から日蘭貿易に大きく転換を見た。オランダの対日貿易の独占に伴って、オランダ商館長＝カピタンの江戸参府が義務付けられた。松井洋子氏のご指摘（『日本歴史』第七二四号掲載書評）によって、ヤン・ファン・エルセラックの記した日記の一六四二年一月十四日の条を見ると、「品川で、ギンエモン殿（長崎屋源右衛門）と名乗る江戸の宿主に出会った（中略）彼の家に宿泊することを命ぜられていた」とある。これは寛永十八年十二月十四日に相当する。オランダ商館が平戸から長崎の出島に移転させられて最初の江戸参府に当たり、かく命ぜられたものと見受けられる。エルセラックは「同處にはかつてポルトガル人が止宿していたのである」とも記している。

一方、長崎屋源右衛門自身の言うところに従えば、すでに、カピタンの江戸参府が定例化を見た寛永十年（一六三三）頃から「御旅宿御用」を務めてきたと言っている（本書六六―七〇ページ）。

すると、長崎屋は、「かつて」はポルトガル人を泊め、やがて、ポルトガル人も、オランダ人も泊め、ついには、オランダ人を泊める幕府指定の定宿として推移していった変遷の跡を見て取ることができる。

カピタンの江戸参府一行が「定宿」とする、江戸の「阿蘭陀宿」として、長崎屋源右衛門が幕府の「指定」を受けたのは、それまでの実績からしてきわめて自然な成行きであったことがわかる。

かくて長崎屋は、言ってみれば「南蛮宿」から「阿蘭陀宿」に大きく転換を遂げたといえよう。外国人を泊め、海外貿易にかかわる人を泊めた宿という点では、一貫した指定の定宿であったと言えよう。

薬種商として

江戸参府でカピタン一行が江戸の長崎屋に滞在する日数は、およそ「二十日余」を目処《めど》とされていたことが判明した。

随行した江戸番通詞が江戸滞在中に、当然、熟《こな》さなければならない用務の順序と日数を記したマニュアル・ブックに「二十一日」を予定して書き留めている。狂歌にも「筒袖にほたん掛して長崎屋旅寝廿日にかきるかひたん」と詠まれているからである。

となると、二十日余りを除いた一ヵ年の大部分の日数を、長崎屋源右衛門は何をしていたか。

海外との関係の業務に携わっていたわけであるが、なかでも輸入物資を扱い、特に輸入の薬種を手広く取り扱っていたものと見受けられる。

その経験と実績を認められたからこそ、享保《きょうほう》二十年に「唐人参座《とうにんじんざ》」の「座人」を仰せ付かり、明和年中（一七六四—七二）に「和製龍脳《りゅうのう》売弘取次所」の指定を受けることができたものと見受けられる。

長崎屋源右衛門の家業は薬種問屋であり、店頭で小売部門も発展をみた薬種商であった。「人参」に代表される輸入薬、「和製龍脳」の名でイメージされる代薬、それらを幕府のお墨付きを得て手広く取り扱う安定した大店《おおだな》として成長していく〝長崎屋〟の姿が浮かんでくる。

阿蘭陀宿として

阿蘭陀宿としての長崎屋は、宿泊人としては、オランダ・カピタンと随員、随行の日本人、検使や通詞、諸役人や人夫などを泊め、荷物としては、カピタンから将軍家への献上物、幕府高官への進物、各種の進物、日用品、随行日本人の諸荷物、将軍や高官からの下され物などを保管した。大切な品々を火災などから保護するために、長崎屋は立派な土蔵や地下蔵を持っていた。

所在地は江戸の古地図の精査・検討によって、日本橋本石町三丁目のうちでも時の鐘を背にして隣り合った位置にあったことが判明。まさに「石町の鐘は紅毛《オランダ》まで聞こえ」を実感できるものであった。

阿蘭陀宿は、江戸は長崎屋源右衛門（江原）、京は海老屋（村上）、大坂は長崎屋（為川）、小倉は大坂屋（宮崎）、下関は大町年寄の伊藤家と佐甲家の、計五都市六軒である。下関を除いた京・大坂・小倉の定宿は、さほど大きくはなかったようである。京の海老屋のごときは、八畳間さえ持たない小部屋ばかりの宿だった。したがって、一行滞在時には、周辺の宿屋に分宿（下宿）させていた。それに比して江戸の長崎屋には、ほぼ一行全員を収容、おびただしい荷物も収容したから、まさに宿駅における本陣に当たる規模を持った構えであったと察せられる。五都市六軒の阿蘭陀宿のなかで最大規模を誇っていた。

江戸・京・大坂・小倉の阿蘭陀宿の主人は基本的には各都市の町人であったから、それぞれの町奉行の支配を受けた。と同時に、長崎会所から役料と賄料の支給を受け、長崎奉行の支配を受けた。長崎の「諸役人帳」にも記載されているところによっても江戸の長崎屋が最大であったことが判明する。

カピタン一行滞在中の長崎屋の門には、赤・白・青、三色からなる幕が張られ、その真ん中の白布の中央にはＮＶＯＣのワッペン（紋）が染め出されていたという。

長崎屋の門は明け六ツ時（午前六時）に開けられ、暮れの五ツ時（午後八時）に閉められ、九ツ時（午前零時）に鍵がかけられた。

カピタン一行の到着する前日より、江戸の町奉行所から普請役二人、南・北の両町奉行組同心一人ずつ、合計四人が長崎屋に出張、滞在中、附け切り（詰め切り）で厳重な警備に当たった。具体的な様子は本文詳述の通り。

人と物の出入りは厳重に管理されていたことは本文で詳述した通りである。不審の人・物、事前の手続きによる許可を得ていない人・物は出入りさせなかった。

オランダ人一行が買って土産とした品々は、定式出入商人が売り込みに持ち込み、売れ残った品は持ち帰った。出入りとも手続きのうえ、見分を受けた。

献上物と進物は必ず残品が生じた。いや、残品が出るように仕組まれていた。残品は長崎屋から商人に売り払われた。献上物の残品、幕府高官の受けた進物と調《ととの》い品（主として反物《たんもの》）は長崎屋から定式出入り商人の一人越後屋に売り払われた。江戸・京・大坂等の阿蘭陀宿がオランダ人から受けた進物も、江戸の長崎屋から越後屋に売り払われ、越後屋は一手に江戸の市中へ小売した。

したがってこのような商行為が、オランダ人にとっても、幕府高官にとっても、各阿蘭陀宿にとっても、越後屋など定式出入り商人にとっても、すっかり定例となっていた。制度化したシステムができあがっていたことが見て取れる。きわめて注目すべき解明の新事実である。

類焼に次ぐ類焼、過密都市に成長した江戸の日本橋にあって、長崎屋、類焼に遭う頻度が増していった。自力ではとても再建を繰り返すことはできなかった。

長崎屋は、毎度、幕府からの拝借金とオランダ商館からの助成金によって再建に漕ぎ着けていた。次回のカピタンの江戸参府時までに間に合わせねばならないことであったから緊急を要した。「長崎屋二階の図」が思いのほか速く再建を遂げていたことを示していて驚かされる。

かつ、オランダ商館からの助成金が白砂糖によってまかなわれていることにも驚かされる。外国使節の定宿としての役務を負っていた長崎屋源右衛門であったからこそ、得られた拝借金であり助成金であったわけである。毎度、砂糖で再建を果たしたというと、甘い話のようにも聞こえる。しかし、長崎屋源右衛門の借財は嵩んでいく一方であったことも事実である。

このようなバランスをどのように解釈し、判定するか。公儀御用と一商人の商業活動、国家としての外国使節に対する応接。長崎屋は一商家であると同時に、禁教・鎖国下の江戸における民間外国公館の存在でもあった。多角的に今後の課題としなければならない。

長崎屋に設置されていた「人参座用意金」は注目に値する。資金の規模、運用の実態など未詳の点が多い。しかしわずかな具体例を通じて判明することは、「人参座用意金」を運用する長崎屋は、江戸における長崎会所の出先機関といった存在であったことが判明する。

　その業態が、輸入薬種に代表される輸入品を取り扱う商店から輸入書籍や鉄砲その他の雑貨を取り扱う商店にかわったとき、長崎屋は「唐人参座」から「江戸長崎会所」へと名実ともに転換することにもなったのである。

　長崎屋の二階座敷が一大サロンと化し、多目的ホールの役割を発揮したことは、本文で具体例を示し、考察した通りである。

　二階の多目的ホールの大サロン振りと、一階で営まれる輸入の秘薬、船載の蛮品の卸しや小売り業が、何とも魅力ある長崎屋を形成していたのである。世の蘭方《らんぽう》医と蘭学者にとって、長崎屋は蘭学研究のメッカだったのである。

　禁教・鎖国下の幕府の世から、開市開港の世に転換したとき、長崎屋の置かれていた場所は、目まぐるしく変貌の一途をたどる先端地域であった。激動の世に激震を受けて、その後の長崎屋がたどった足跡は、途切れがちとなっていった。その件に関して、長崎屋源右衛門個人の力量だけを責めるのは酷といわねばならないだろう。

幕府とオランダ商館と長崎屋

幕府は独占的貿易の継続を許したオランダ商館に対し、カピタンの江戸参府を義務付けた。

その参府一行を、完全管理のもとに滞在させる施設としての役割を長崎屋に負わせた。

そのために、長崎屋が類焼に遭い、再建資金のための拝借金願いを申請するたびに貸与し続けた。輸入薬種をはじめとする船載の雑貨を有利に扱わせて、その維持存続をはかった。

「かぴたんもつくばはせけり君が春」と、絶大な将軍権力を内・外に誇示するに、きわめて有効な儀式を継続することもできた。

が、ペリーの来航、開国と、激動の時代を迎えて、従来の日蘭関係を維持することも困難にいたり、幕府自体の存続も危くなり、江戸参府も廃止のときを迎え、長崎屋を支える意味を失った。

一方、オランダ商館にとって、対日貿易はオランダのアジア貿易における拠点として、何としても維持・存続されるべきものであった。

そのために必要な、カピタンの江戸参府であった。貿易の独占維持の目的とともに、江戸参府の旅と江戸の長崎屋滞在は、オランダにとって、日本理解と情報収集の点できわめて有効な機会と場所であった。

したがって江戸の長崎屋をはじめとする阿蘭陀宿が、類焼による再建の資金補助を願い出るたびに砂糖で補助をし続けたものである。

しかし世界の進運からくる激動の時代を迎えて、幕府を相手にした日蘭関係が大転換の道をたどったとき、江戸参府と情報収集の旅も終わりを迎えたのである。

南蛮の時代に対外関係の人と物に眼を向けて頭角を現わし、禁教・鎖国下の江戸において、幕府の対外政策に乗って発展・存続した長崎屋源右衛門は、日蘭交流の場を提供、役務を果し続けた。

その間、長崎屋の主人は、①災害、②幕府権力、③オランダと阿蘭陀通詞の三つの威力にしっかりと向きあわされ、歩み続けた。

やがて世界の進運に大きな変動が生じ、輝かしい長崎屋の存在は、近世史終焉の激浪のなかに、その光芒を消し去ってしまった。

あとがき

長崎屋源右衛門、長崎屋源右衛門と呼んでいると、一人の長崎屋源右衛門かと思ってしまう。代々襲名して十一代を数えるという。十一人の源右衛門に会ってみたい気がする。だが、それは所詮かなわぬ夢。類焼に次ぐ類焼に見舞われ続けた長崎屋がいっさいの記録を失っているというのだから……。

杉田玄白の心と行動に導びかれ、玄白が訪れた長崎屋の片影を追って長旅をしてきたような気がしている。気がついたら四十五年もたっている。入手し得た主要な史料は、すべて『阿蘭陀宿長崎屋の史料研究』に収録しておいた。さらに補充の手を加え、初の長崎屋再構成に挑戦してみたのが本書である。それを通じて、鎖国と呼ばれるトクガワ・ニッポンを考えてみたかったのである。

長崎屋を中心としたとはいえ、収載した史料によって鮮明に見えてきたことは、幕府の対外政策と、その応接のシステムということになる。江戸における幕府とオランダ商館、幕府と長崎、その仕組みに長崎屋が深くかかわり、機能していたことをはじめて把握することができた。

長崎屋源右衛門が、地球を意識し実感できる大航海の時代を迎えたなかに自己の進路を見つけ、頭角を現し、発展していった跡を追うことができた。禁教と日蘭貿易の継続を主眼とする徳川幕府の対外政策、アジアにおける貿易拠点として出島貿易の継続に努め、オランダ宿を支え続けたオランダの政策、その接点で生み出された日蘭交渉・交流のシステム。その仕組みをわがものとして、業の維持・発展に努めた長崎屋源右衛門。幕府に奉仕し、カピタンにも奉仕し、長崎との関係を深め、江戸に異国の文物をもたらした。蘭学発達の「場と機」とを提供した。異国の雰囲気を発散する二階座敷を多目的ホールとして提供、社会的貢献も果たした。開かれていたトクガワ・ニッポンを見て取ることができた。

鎖国の時代といっても、蝦夷地・北方の対応を松前氏にまかせていた松前口《まつまえぐち》、朝鮮との対応を対馬の宗《そう》氏に担当させた対馬口《つしまぐち》、琉球の支配を島津氏に当たらせた薩摩口《さつまぐち》、毎年、唐船《とうせん》と蘭船《らんせん》を迎え長崎奉行に支配させた長崎口《ながさきぐち》、四つの口《くち》があった、といわれて久しい。松前口・対馬口・薩摩口は不定期の、数も少ない応接・交流。長崎口のみは定期の応接・

海外交流。唐船の数ともたらす文物は断然多かったが、蘭船のもたらす海外情報は地球レベルで断然広範囲のもの。おまけにこのたび、江戸のど真ん中まで定期に使節の参府を見、定宿《じょうやど》の長崎屋を拠点に、大江戸に恒常的に珍奇で珍貴な異国の文物がもたらされ続けるシステムが確立していて、二百十八年も堅持されていたと、判明。「開かれていた、鎖国と呼ばれるトクガワ・ニッポン」を、このまま便利な学術用語〝鎖国〟の二文字で呼び続けることは、いかがなものであろうか。包括的で便利な新学術用語の出現を望みたい。

それにしても、江戸における対外関係の〝実務〟を長崎屋に丸投げしているような幕府。制限の多い〝御礼〟の旅で、長崎屋の先導に頼らなければならなかったオランダ・カピタン。長崎屋は、幕府とオランダ商館とにあまりにも〝密接〟であった。そのためであろう。その置かれた社会が世界の進運のなかで激動のときを迎えると、その支柱とともに激震に耐えきれず、ともに終焉のときを迎えねばならなかった、と思えてならない。長崎屋興亡の歴史は、時空を超えて、人・家・企業・国家の生き様《いざま》について深く考えさせられる。

従来、散見された長崎屋に関する断片史料は、それぞれ、それだけで、例えば、論文を書くなどということはできなかった。どんな位置付けをし、評価できるか、不可能であったからである。今後は、具体的事例が出るにしたがって、本書で得られた幕府・オランダ商館・長崎・長崎屋の四者が織りなす仕組《システム》みと色彩《ニユアンス》に照らして全体のなかに位置付け、評価を与えることが可能になったか、と思っている。

長崎屋を舞台にした人的・物的情報交換と交流の具体的事例が多方面に見つかって、長崎屋はもとより、世界における日本および日本人が解明されていくことを期待してやまない。

片桐一男

二〇〇八年八月八日

関係著作

『阿蘭陀通詞の研究』吉川弘文館、一九八五年（角川源義賞）
『阿蘭陀宿海老屋の研究』Ⅰ研究篇・Ⅱ史料篇、思文閣出版、一九九八年
『京のオランダ人―阿蘭陀宿海老屋の実態―』（『歴史文化ライブラリー』四〇）、吉川弘文館、一九九八年
『江戸のオランダ人―カピタンの江戸参府―』（『中公新書』一五二五）、中央公論新社、二〇〇〇年
『レフィスゾーン江戸参府日記』（『新異国叢書』第Ⅲ輯六）、雄松堂出版、二〇〇三年、訳書
『平成蘭学事始―江戸・長崎の日蘭交流史話―』智書房、二〇〇四年
『阿蘭陀宿長崎屋の史料研究』雄松堂出版、二〇〇七年

＊長崎屋に関する著作を発行順に掲げた。なお、『阿蘭陀宿長崎屋の史料研究』には、
〔史料一〕「江戸番通詞江戸逗留中勤方書留」
〔史料二〕「蘭人参府中公用留」
〔史料三〕「蘭人参府御暇之節検使心得方」
〔史料四〕「参府之阿蘭陀人逗留中出役致候節書留」
〔史料五〕「嘉永三戌年二月参府　阿蘭陀人逗留中詰切出役書留」
〔史料六〕「御用書留日記（嘉永三年分）」

［史料七］　長崎屋娘の手紙二種
［史料八］　その他の史料にみえる長崎屋記事
1「御奉書御書付類目録」
2「長崎御用留」
3「御役所附申渡留」
4「中山文庫」
5「撰要類集」
6「市中取締書留」
7「市中取締続類集」
8「東京市史稿」
9「横浜市史」史料篇
［史料九］　史料に登場する主要人物一覧
［史料十］　レフィスゾーンの江戸参府行程図

の史料を収録し、それぞれに「史料解説」を付し、「長崎屋をめぐる諸問題」を載せている。参照していただければ幸いである。

著者紹介

一九三四年、新潟県に生まれる
一九六七年、法政大学大学院人文科学研究科日本史学専攻博士課程単位取得
現在、青山学院大学名誉教授、文学博士

主要著書
阿蘭陀通詞の研究　杉田玄白　レフィスゾーン江戸参府日記(訳)　出島―異文化交流の舞台―　平成蘭学事始―江戸・長崎の日蘭交流史話―　ほか多数

歴史文化ライブラリー
262

それでも江戸は鎖国だったのか
オランダ宿 日本橋長崎屋

二〇〇八年(平成二十)十一月一日　第一刷発行

著　者　片《かた》桐《ぎり》一《かず》男《お》
発行者　前田求恭
発行所　株式会社 吉川弘文館
東京都文京区本郷七丁目二番八号
郵便番号一一三―〇〇三三
電話〇三―三八一三―九一五一〈代表〉
振替口座〇〇一〇〇―五―二四四
http://www.yoshikawa-k.co.jp/
印刷＝株式会社 平文社
製本＝ナショナル製本協同組合
装幀＝清水良洋・長谷川有香

歴史文化ライブラリー

1996.10

刊行のことば

現今の日本および国際社会は、さまざまな面で大変動の時代を迎えておりますが、近づきつつある二十一世紀は人類史の到達点として、物質的な繁栄のみならず文化や自然・社会環境を謳歌できる平和な社会でなければなりません。しかしながら高度成長・技術革新にともなう急激な変貌は「自己本位な刹那主義」の風潮を生みだし、先人が築いてきた歴史や文化に学ぶ余裕もなく、いまだ明るい人類の将来が展望できていないようにも見えます。このような状況を踏まえ、よりよい二十一世紀社会を築くために、人類誕生から現在に至る「人類の遺産・教訓」としてのあらゆる分野の歴史と文化を「歴史文化ライブラリー」として刊行することといたしました。

小社は、安政四年（一八五七）の創業以来、一貫して歴史学を中心とした専門出版社として書籍を刊行しつづけてまいりました。その経験を生かし、学問成果にもとづいた本叢書を刊行し社会的要請に応えて行きたいと考えております。

現代は、マスメディアが発達した高度情報化社会といわれますが、私どもはあくまでも活字を主体とした出版こそ、ものの本質を考える基礎と信じ、本叢書をとおして社会に訴えてまいりたいと思います。これから生まれでる一冊一冊が、それぞれの読者を知的冒険の旅へと誘い、希望に満ちた人類の未来を構築する糧となれば幸いです。

吉川弘文館

〈オンデマンド版〉
それでも江戸は鎖国だったのか
オランダ宿 日本橋長崎屋

On Demand
歴史文化ライブラリー
262

2019年（令和元）9月1日　発行

著　者　片《かた》桐《ぎり》一《かず》男《お》
発行者　吉川道郎
発行所　株式会社 吉川弘文館
〒113-0033　東京都文京区本郷7丁目2番8号
TEL　03-3813-9151〈代表〉
URL　http://www.yoshikawa-k.co.jp/

印刷・製本　大日本印刷株式会社
装　幀　清水良洋・宮崎萌美

片桐一男（1934～）

ISBN978-4-642-75662-4